Impressum

Bibliografische Information der Deutschen Nationalbibliothek: Die Deutsche Nationalbibliothek verzeichnet diese Publikation in der Deutschen Nationalbibliografie; detaillierte bibliografische Daten sind im Internet über dnb.dnb.de abrufbar.

© 2021 Helge Kystaris

„Herstellung und Verlag: BoD – Books on Demand, Norderstedt"

Illustratorin Einband: Selina Weigel

Taschenbuchausgabe auch als E-Book erhältlich

ISBN Nr.: 9783754398951

(K) Einer weiß alles

„Die Welt ist so beschaffen, dass immer wieder Vorurteil und Leidenschaft Blut fordern werden,

und man muss wissen, dass sich das niemals ändern wird. Wohl wechseln die Argumente,

doch ewig unterhält die Dummheit ihr Tribunal.

Dieser Prozess ist ewig, und die Banausen, die in ihm als Richter saßen, trifft man auch heute an jeder Straßenecke, in jedem Parlament."

Ernst Jünger „Der Waldgang"

Erschienen 1951

Vorwort

Allgemeine politisch/philosophische Betrachtungen

Satire

Tierfabeln

Zu guter Letzt

Nachwort

Sprücheklopferecke

Erläuterung des Covers

Vorwort

Wie kommen wir eigentlich zu Informationen?

Aus Radio, Fernsehen und Zeitungen erhalten wir alle relevanten Informationen. Punkt. Diese werden dann auf Arbeit, Schule, Studium, im Freundes- und Bekanntenkreis etc. bestätigt. Unsere Eitelkeit lässt uns glauben, wir hätten unsere Meinung jetzt selbst gebildet und sonst niemand. Doch woher haben unsere Freunde und Bekannte ihre Meinung? Na klar, von denselben Journalisten aus Radio, Fernsehen und Zeitung, also denselben Quellen oder deren Freunds- und Bekanntenkreisen, welche ihr Wissen auch nur aus denselben Quellen bezogen haben. Damit wurde die Wahrheit endlich gefunden „Quod erat demonstrandum" Was zu beweisen war. Man bastelt sich aus den nicht systematisch gewonnenen Informationen eine fehlerhafte Zufallswelt zusammen, der letztlich beweisbares Hintergrundwissen und Fakten fehlen. Wenn man aus drei Quellen das Gleiche hört, muss es wahr sein und dann plappert man es auch unwillkürlich nach. Vor diesem Hintergrund verkehrt sich „politische Willensbildung" in das Gegenteil. Man denkt, man sei allumfassend informiert und in der richtigen Spur. Doch hörten die anderen auch nur die gleichen Quellen. Deswegen weiß nie jemand alles und nur der Austausch mit gegensätzlichen Meinungen führt tatsächlich weiter. Die wichtigste Erkenntnis war für mich vor vielen

Jahren, dass Fernsehen, Zeitung und Radio nicht weiter helfen, denn sie sind die Marktschreier von heute und letztlich ihrer Geldbörse verpflichtet, also den Geldgebern auf der einen Seite und den Konsumenten , die unterhalten werden wollen, auf der anderen. Die meisten zitierten Quellen beziehen ihre Informationen aus anderen „Urquellen" und niemandem fällt auf, dass es sich sehr häufig nur um Umformulierungen handelt. Wenn also verschiedene Medien das Gleiche berichten, darf man sicher sein, dass niemand recherchiert hat und alle nur abschreiben.

In einer Umfrage gaben 76% der Journalisten an, einer linken Gesinnung nahe zu stehen. Logisch, dass sie auch den Nachwuchs nur in ihre Redaktionen holen, wenn er politisch zu ihnen passt. Entsprechend werden deren Beiträge gefärbt sein. Überhaupt wird heutzutage immer der Eindruck von Mehrheit erweckt, dabei leben wir in einer Minderheitendemokratie. Sektenartige Strukturen, die straff zusammenhalten und gut geschult sind, bestimmen die öffentliche Wahrnehmung. In den Redaktionsstuben wird die Meinungsbildung nicht nur nach außen, sondern auch nach innen beeinflusst.

Viele Kritiker dieser zunehmend einseitigen Berichterstattung machen die 68er Bewegung dafür verantwortlich, andere zitieren den Einfluss der DDR oder gehen noch viel weiter, bis in die Aufklärung zurück. Aber wie sich Sachlichkeit, Wissenschaft, bürgerliche und konservative Weltbilder derart haben ins politische Nebengleis drängen lassen, lässt sich bisher nur philosophisch und aus der Geschichte heraus erklären.

Aber lassen wir das vorerst als „gottgegeben" und als Zeitgeist so stehen. Dieses Thema ist ein eigenes Buch wert.

Wie kommen Journalisten zu den von ihnen verkündeten Informationen und wie wählen sie (neben den Auftragsarbeiten) ihre Schlagzeilen aus?

Die meisten Menschen sind davon überzeugt, dass ein Journalist recherchiert, bevor er/sie der Redaktion etwas vorlegt. Doch dem ist mitnichten so. Eine sinkende Anzahl von Journalisten steht einer steigenden Flut von Informationen gegenüber. Die meiste Zeit verbringt der Journalist mit aussortieren. Ein einzelner dpa-Korrespondent erhält bis zu 600 Pressemitteilungen täglich. Davon werden maximal 25 gelesen. In Druck gehen davon nur zwischen fünf bis acht Meldungen.

Kein Wunder, dass er zunächst dasjenige aussortiert, dass entweder nicht seinem eigenen oder dem Weltbild seiner Redakteure entspricht. Danach fliegt das hinaus, was vermutlich keine Leser bringen wird, etwas dass zu viel Arbeit für ihn bedeutet oder zu trocken rüberkommt. Echte Recherche findet nur noch selten statt. Niveau, Wahrheitsgehalt und glaubwürdige Informationen sind die ersten Opfer einer solchen Entwicklung. Sie weichen zunehmend emotionsgesteuerter Propaganda. Deren allseitig bildender Inhalt gleicht bei genauer Prüfung einer leeren Keksdose mit leckerem Aufdruck.

In dieser Situation treffen jetzt Politiker und Journalist aufeinander.

Für Politiker ist ein guter Kontakt zur Presse nahezu überlebenswichtig und für die Wiederwahl oft unabdingbar. Abgesehen von Skandalnachrichten ist es für Politiker hilfreich, der großen Masse der Journalisten in Handeln und Reden „aus dem Herzen und nach dem Munde" zu sprechen" und dies so zu tun, dass diese nur geringsten Aufwand betreiben müssen. Die Wechselwirkung ist also gegenseitig. Eine unheilige Symbiose entsteht. Und so entwickelt sich eine politische Korrektheit, die sich immer weiter an sich selbst und immer weniger an der Realität orientiert. Meinungsvielfalt ist aber in einer Demokratie eine immer vorhandene Realität, die in ihrem Widerstreit Wege in eine Zukunft findet, die die Mehrheit einer Gesellschaft akzeptiert. Bildung ist eine Grundvoraussetzung für Fortschritt, Meinungsvielfalt und -freiheit, vorausgesetzt, sie basiert auf trockener Realität. Und so schließt sich der Kreis, weil Bildung an Wert verliert und die Wahrnehmung der Realität sich zunehmend der real existierenden Wirklichkeit entzieht. Vielfältige Meinungsfreiheit ist ein Grundmerkmal der Demokratie und freien Welt und sie ist zunehmend von Vielfalt innerhalb der eigenen Blasen geprägt. In dem Maße, in welchem die Wahrheit reduziert wird, geht die freie Welt in Richtung Unfreiheit.

Am Ende stehen Diktatur, Leid, Zwang und Unterdrückung. Auch wenn sie sich nicht mehr durch Nagelstiefel im Treppenhaus des Wohnblocks zeigen, durch Problembeseitigung unter der Guillotine oder sich durch Erschießungen auf der Flucht äußern, so darf ihr smartes Äußeres nicht über ihr Wesen hinwegtäuschen. Smart bedeutet eben nicht, dass es weniger hart für die Menschen wird.

In der politischen Mitarbeit der Bürger gilt wie in der Gesundheit „vorbeugen ist besser als heilen". Doch wie will man das als Normalbürger mit einem vollen Arbeitstag und Familie tun und vor allem – wann? Außerdem möchte niemand gesellschaftlich geächtet werden. Da könnte man verzagt schon beinahe „game over" rufen. Doch das hat noch niemandem geholfen.

Die meisten Menschen, brauchen einen Anstupser, der sie zum Nachdenken anregt. Das können eine persönliche Erfahrung, ein erhellendes Gespräch, eine Ungerechtigkeit, eine Beobachtung, ein Zwang oder eine viel zu offensichtliche Unwahrheit sein. Wer beginnt nachzudenken, ist bereits auf dem Weg der Erkenntnis und wird erstaunt sein, welch neue Welt sich eröffnet. Versuchen Sie, ihre Umwelt so zu sehen, wie sie ist. Ändern Sie Perspektiven. Der Obdachlose, der vorher Unternehmer war, aber durch das Sozialsystem fiel, der Flaschen sammelnde Rentner, der sein ganzes Leben arbeitete und jetzt unversorgt und einsam von der Gesellschaft ausgeschlossen wurde, sie alle sind keine „Harzer" sondern Ausdruck eines Systems, welches „sozial sein" gegen „Geld am Sozialen verdienen" getauscht hat.

Aber nicht jeder, der beginnt mit kritischem Blick seine Umgebung neu zu bewerten, kommt vom Status des flüsternden Kritikers los.

Vom Flüsterrevolutionär zum Veränderer ist es ein weiter Sprung,

wenn nicht der größte Sprung überhaupt. Gewinnen wird, wer am meisten bereit ist zu opfern. Hand aufs Herz, wären Sie bereit irgendwas zu „opfern"? Es geht Ihnen doch noch gut, oder? „Die anderen sind eh alles nur Harzer, Faule und eh selbst an ihrer Situation schuld. Das es immer mehr werden, wird schon seine Gründe haben." Erst wenn man selbst betroffen ist, ändert sich die Sichtweise, doch dann kommt häufig Angst.

Angst ist das Gefühl, dass die Realität entgleitet

Umso besser ist es, wenn jemand den Anfang macht. 1989 begann der Anfang auf der Straße. Heute wird die Auseinandersetzung in den Parlamenten und zunehmend auch auf der Straße weitergeführt, denn einseitige Ideologien führen immer in den Abgrund. Es waren übrigens zu einem Großteil die 89iger, die wieder für Freiheit und Souveränität auf die Straße gingen. Es ist nicht auszuschließen, dass die polarisierte Auseinandersetzung am Ende mit Opfern

und Gewalt ausschließlich auf der Straße endet. Dies gilt es jedoch zu vermeiden - mit allen Mitteln und solange es geht. Und wenn es doch passieren sollte, geht es vermutlich nicht von der neu entstandenen parlamentarischen Opposition oder anderen neuen kleineren Parteien aus. Denn diese stehen zwar für harte Auseinandersetzung in der Sache, sind aber für Veränderung auf dem parlamentarisch/demokratischem Weg sowie auf der Basis unseres Grundgesetzes zuständig. Wird seitens der machthabenden Altparteien jedoch die inhaltliche Auseinandersetzung und die Zusammenarbeit in der Sache weiterhin komplett verweigert, so wie es derzeit geschieht, dann steht zu befürchten, dass ein unberechenbarer rasanter Abwärtsstrudel kein herbeigeredetes Phantasie-konstrukt „ewig Gestriger" mehr ist. Dann werden richtige Dinge schlichtweg deswegen nicht getan, weil sie der vermeintlich „Falsche" fordert. Und damit sind wir aus allen demokratischen Grundregeln heraus. Handlungsbedarf besteht schon jetzt auf fast allen Gebieten und es wird von der Substanz gelebt. Da stehen Armut und Unfreiheit schon am Horizont.
Die Themen Familie, Jugend, Soziales und Bildung sind als Grundbasis existentiell für alle anderen Bereiche der Gesellschaft. Hinzu kommen Fiskal-, Verteidigungs- und Migrationspolitik. Es sollten sich alle Menschen in Europa bewusst sein, dass Handlungsbedarf besteht und sich jederzeit Handlungsfenster öffnen und schließen können.

Gerade jetzt (und nicht erst seit 2020 - 21) ist durch Corona ein Handlungsfenster offen und je mehr Menschen sich bewusst machen, was um sie herum vor sich geht, umso mehr können sie etwas bewirken. Das Handlungsfenster ist logischerweise <u>für beide Seiten offen</u>. Wer jedoch alles mit sich machen lässt, mit dem macht man auch alles. Ungelöste Probleme verschärfen Fronten und fehlender Dialog macht aus Menschen mit anderer Sichtweise Teufel mit Hörnern, wo keine sind. Dann will man im Parlament noch nicht mal nebeneinander sitzen, so wie zu Beginn der 20.Wahlperiode im Deutschen Bundestag – eine kreuzgefährliche Kinderei.

Die nachfolgende Sammlung enthält kurze Beiträge, Kurzgeschichten, Gedankengänge, Tierfabeln und Satirebeiträge, welche hoffentlich zu inhaltlicher Diskussion und zum Nachdenken anregen. Ich erhebe keinen Wahrheitsanspruch, denn wenn ich eines gelernt habe, so ist es eine Tatsache, dass es DIE EINE WAHRHEIT nicht gibt. **Keiner weiß alles.** Es gibt nur Meinungsvielfalt und den Weg des Konsens. Auch wenn es manchmal schwerfällt: nur über Meinungsvielfalt, Kompromiss und Konsens sollten wir uns weiterentwickeln. Und alle brauchen einen langen Atem, denn Veränderungen geschehen nicht über Nacht. Und ja, denke ich an Europa in der Nacht, bin ich um den Schlaf gebracht, denn

Freiheit fühlt sich anders an.

Helge

Allgemeine politisch/philosophische Betrachtungen

Die ästhetische Schönheit von Moralität und die Zukunftsvision von Pluralität scheitern an geistig/moralischer Immobilität und/oder Alltags Realität.

Oder anders ausgedrückt:

Utopismus ist nur ein weiterer ...ismus, der an den Menschen vorbei zum Scheitern verurteilt ist. Realitätsferne führt zu Chaos. Chaos ist für jede Gesellschaft gefährlich. Für soziale Demokratien kann sie tödlich werden.

Kapitel 1
Der rote Faden

Hinter allen Beiträgen dieser Broschüre stehen als Hintergrund ein gesellschaftlich hysterischer Größenwahn und ein überempfindlicher Irrsinn, welche kaum noch erklärbar ist. Wir leben in einer Zeit, wo jeder denkt, er könne seine eigenen persönlichen Moralregeln aufstellen und dieser der Gesellschaft überstülpen. Die Intoleranz der vielen (in ihrer Selbstwahrnehmung toleranten) Individuen führt nicht nur zu Spaltung sondern zu einem regelrechten auseinanderbrechen aller verbindenden Gemeinsamkeiten. Ein entscheidender Nebeneffekt besteht darin, dass für die meisten kritischen und politisch wachen Beobachter der konkrete politische Gegner abhandengekommen ist. Er ist aus dem nationalen Rampenlicht in den internationalen Nebel und somit dem intellektuellen und physischen Zugriff seiner Kritiker entglitten, so wie es nachfolgend in der Fabel mit den Wölfen beschrieben wird. Für andere ist der Gegner in Form einer Kanzlerin und ihrer Hofschranzen jedoch konkret greifbar, so wie bei der Tierfabel mit den Fröschen.
Es gibt natürlich noch viel mehr regionale und globale Player. Einer von ihnen ist derzeitige Papst, von vielen als der Antipapst bezeichnet, da er die christlichen Inhalte bis zur Selbstauflösung verkehrt. In der Bibel wurden beispielsweise alle Flüchtlinge aufgenommen, allen wurde bereitwillig geholfen und dann gingen alle irgendwann wieder nach Hause. Indem er die vom Apostel der Liebe propagierte Menschlichkeit, welche

die Hilfe der Kirche für Notleidende gebietet, in einen stetig anwachsenden und nicht mehr beherrschbaren Menschenstrom verwandeln hilft, beißt er die helfende Hand. Da eine solche Politik auf Dauer zu kulturellen und sozialen Problemen führt und damit auch der Unmöglichkeit zu helfen, führt er die helfenden Gesellschaften (und seine eigene Kirche gleich noch mit) dem Abstieg, wenn nicht sogar dem Untergang zu. Zumindest trifft das auf große Teile der westlichen Welt zu. Das alte Rom lässt grüßen. Es wäre spannend in den Kopf des derzeitigen Papstes zu schauen, seine Motivation zu erkennen oder seine Gründe herauszufinden. Eigennutz der Kirche als Institution ist es jedenfalls nicht, zumindest scheinbar nicht.

Die weltweit ausgerufene Pandemie ist in ihrer Außenwirkung ein undurchdringliches Dickicht von sich dem Verstand entziehenden Informationen. Die Sender lassen die Empfänger in einem Konstrukt aus Halbwissen, Weltuntergangsszenario, Straf- und Zwangsmaßnahmen und Angst versinken. Jeder Versuch hier Klarheit zu bekommen, muss scheitern. Die einzelnen Lichtstrahlen der Erkenntnis sind dabei kaum vom allgemeinen Wirrwarr zu unterscheiden. Sind es jetzt nationale Regierungen und Eliten, welche die Gelegenheit nutzen, um sich selbst Macht zuzuschanzen oder ist es eine globale und von langer Hand vorbereitete Verschwörung gegen die einfachen Menschen? Ist es die Pharmalobby, wie manche meinen oder ist es die Finanzelite, die einen Neustart des total verschuldeten Systems braucht? Oder sind wir gar nicht verschuldet, weil Geld per Knopfdruck erzeugt und vernichtet werden kann? Theorien gibt es wie Sand am Meer. Es ist schon sehr hinderlich, dass Keiner alles weiß.

Die Genderideologie nimmt zugegebenermaßen etwas zu viel Raum im Buch ein, doch hat sie das Potential im Namen der Vielfalt, der Gleichberechtigung und der Minderheiten, die Gesellschaften komplett zu zerstören und den Menschen Familie und Heimat zu nehmen. Geboren aus dem hehren Ziel der toleranten, miteinander positiv umgehenden Gesellschaft, ist sie dennoch nichts anderes als eine der giftigen Nachgeburten der Aufklärung. Diese änderte das Wir-Gefühl und Handeln der Menschen und ersetzte Gesellschaften gegen egoistische Individuen, welche nur noch ihre Selbstverwirklichung im Sinne haben. Die Mehrheit sortiert sich politisch jedoch noch wie im 19. Jahrhundert ein. Sie teilt sich in den politisch untauglichen Werkzeugkasten „links-mitte-rechts" von damals auf, der jedoch nur Ab- und Ausgrenzung fördert. Sie glaubt noch wie damals im Sinne der Allgemeinheit zu handeln, und ist dennoch gleichzeitig ihr Totengräber. Deswegen ist die Transgenderlobby aus der für mich linksradikalen LGBT-Bewegung für echte Transgender auch eher toxisch. Transgender wollen immer nur Mann oder Frau sein, im Idealfall Familie haben und nicht in der sexuellen Beliebigkeit versinken. Die Genderbewegung greift jedoch nicht nur die eigenen Reihen an, sondern ganz bewusst die Kernzelle jeder Gesellschaft (die Familie) auf drei Gebieten parallel an. Menschen haben gemeinsam: Sexualität, Spiritualität und Sprache. Davon ist niemand ausgenommen, selbst die archaische Religion des Islam nicht, welche den Zusammenhalt der Familien in starken Strukturen schon fast zelebriert. In der Schweiz wurde der erste homosexuelle Imam dafür ausgezeichnet, homosexuell zu sein. Sexualität als Auszeichnungsgrund - unfassbar. Die Genderideologie ist aus psychologischer Sicht nur möglich, weil die kurze Pubertätsphase der Selbstfindung, in eine lebenslange Suche des "Ich", in eine ewig andauernde pubertäre Teenagerkultur gewandelt bzw. verlängert wurde.

Frank Sinatra stand beispielsweise für Erwachsenenmusik, ein Begriff, welchen wir heute gar nicht mehr denken. Junge Menschen wurden früher, bei Erreichen des angemessenen Alters, von den Erwachsenen in ihren Reihen mit Ritualen aufgenommen, welche wir alle kennen: Kommunion, Jugendweihe, Konfirmation, Ausweisausgabe, Rechtsfähigkeit bei Verträgen, Führerschein, Alkoholausgabe usw. Man zog Kleidung an, welche das Erwachsensein nach außen zeigte und zog damit Grenzen. Die Erwachsenengrenzen waren durch Werte, durch Arbeit, Verpflichtungen und Verantwortungsübernahme geprägt.

Gender steht jedoch für die Auflösung jeglicher Orientierung gebender Werte und wer keine Werte mehr verfolgt, ist auch für Ziele kaum noch zu begeistern, außer für die der Beliebigkeit.

Damit das auf allen Ebenen funktioniert, wird immer das Gegenteil vorgegeben, von dem was tatsächlich passiert, damit verschieben sich nicht nur Grenzen, es wirkt auch wie eine Massenpsychose oder fast - hypnose. Basis des Durcheinanders: Keiner weiß alles. Beispiel: Der junge starke Migrant, der sich selbst helfen kann, steht plötzlich viel mehr im Fürsorgevisier als ihm zusteht und niemand sieht mehr den Alten oder Kranken, den Flaschen sammelnden Menschen von nebenan. Das Helfersyndrom wurde durch Werteverschiebung inhaltlich und moralisch verändert. Nicht mehr moralische Verpflichtung und Mitgefühl stehen im Bewusstsein ganz vorn, sondern die lustvolle Befriedigung des sich in die Brust werfenden Helfers.

Leider oder Gott sei Dank ist es so, dass Katastrophen die Chance bieten, aus einer total zerstörten Gesellschaft etwas komplett Neues zu erschaffen. Im Krisenmodus ist alles in guter und schlechter Richtung möglich: Dynastie oder eine freie demokratische Gesellschaft, Religionsstaat oder Sozialismus, Kommunismus oder Kapitalismus oder sonstige Diktaturen wie die Klima- und Ökodiktatur. Für den derzeitigen künstlichen Wandel müssen wir vorbereitet sein, um Negatives ausschließen oder mindern zu können. Für den propagierten Komplettumbau haben die Regierungen und die internationalen Lobbyverbände jede Menge Werbespezialisten und Verhaltensforscher; auch als Nudgingspezialisten bezeichnet. Im Englischen heißt die Vorstufe der Verhaltenskontrolle Gaslithing, jemanden dazu bringen, seinen eigenen Augen und seinem Verstand nicht mehr zu trauen. Als Gaslighting wird in der Psychologie eine Form von psychischer Gewalt beziehungsweise Missbrauch bezeichnet, mit der Opfer gezielt desorientiert, manipuliert und zutiefst verunsichert werden und ihr Realitäts- und Selbstbewusstsein allmählich deformiert bzw. zerstört wird.

Damit wird man hilflos und ist wie ein weises Blatt beschreibbar und beeinflussbar. Und so sind die einen Kritiker dankbar dafür, dass Veränderung in gewisser Hinsicht human und nicht wie bisher durch Kriege und Revolutionen geschieht, und die Anderen sehen den Teufel im Endsiegeszug. Wieder andere lehnen sich zurück und genießen die Show.

Und wieder andere halten die derzeitige globale Situation als die Gegenreaktion der Reichen und Mächtigen auf die Folgen der Aufklärung.

Keiner weiß eben alles, auch wenn man in den Öffentlichen Rechtlichen oder bei Massenhysterien wie Fridays for future nur noch Menschen findet, die von sich behaupten alles zu wissen. Selbst zehn und zwölfjährige Kinder erheben diesen Anspruch. Deswegen suchen immer weniger Menschen eine wirkliche inhaltliche Auseinandersetzung und halten Ausgrenzung für den besten gesellschaftlichen Weg. Kinderströme steuern ist einfacher als inhaltliche Auseinandersetzung.

Es ist im Ursprung ein Kampf zwischen Naturwissenschaft und Geisteswissenschaft, wie er immer wieder zutage trat. So geschehen beispielsweise in der Antike in Syrakus, wo der Philosoph einen Kreis in den Sand zeichnete und dabei vom Eroberer geköpft wurde oder bei der Geschichte Galileo Galileis, welcher der Mär der flachen Scheibe die kugelrunde Erde entgegensetzte und prompt mit Todesdrohungen leben musste. Das war damals so und das ist auch heute noch so. Auch die Überbringer schlechter Botschaften werden vernichtet, auch wenn es nicht immer gleich der Tod ist, mit dem man „belohnt" wird.

Wie auch immer die Bedrohungslage gestaltet ist, die Mittel der Umformer und Neugestalter sind immer die gleichen. Sie heißen Angst, Spaltung und Verheißung. Derjenige, der das Problem wissentlich oder unwissentlich selbst erschaffen hat, bietet dann die Lösung, für das Problem an. Damit entsteht eine Art Stockholmsyndrom. Das Opfer geht eine intensive Beziehung, bis hin zur Anbetung, mit dem Täter ein.
Und die Medizin für diese gesellschaftliche Erkrankung? Die ist so schlicht wie schwierig. Einfach nicht mitmachen, aufklären, Geduld haben, nicht aufgeben. Steter Tropfen höhlt den Stein.
Selbst wenn die Mehrheit aktuell fehlt und es über die eigenen Möglichkeiten oder gar die eigene Lebensphase hinausgeht, lohnt es sich, dem Weg der Vernunft und der Menschlichkeit als einziges Mittel für gesellschaftliche Nachhaltigkeit zu folgen. Dann gelingt es auch andere mitzunehmen. Wichtig ist auch, dass man versteht, dass ein politischer Gegner kein Feind sein muss, sondern meist nur jemand mit einer anderen anhörungswürdigen Meinung ist.
Irgendwann hat der stete Tropfen der Wahrheit dann eben doch die Wanne der Lüge ausgehöhlt. Der Eremit erlebte es zwar nicht mehr, doch war er sich sicher, dass nach ihm eine andere Welt kommen würde. Vielleicht schrieb er die entscheidenden Sätze, geboren aus der Beobachtung der Wassertropfen.
Das macht Hoffnung, denn mit jeder These entsteht gleichzeitig die Antithese. Jeder Anfang ist gleichzeitig ein Ende und ein Ende ist immer ein Anfang. Nichts ist in Stein gemeißelt und nichts muss einfach so hingenommen werden.

Der Herr gibt und der Herr nimmt, sagen die Christen. Aber ganz so einfach ist es dann doch nicht, denn hilf dir selbst, dann hilft dir Gott.

Kapitel 2
Hätten sie es gewusst?
"Denk ich an Deutschland in der Nacht, bin ich um den Schlaf gebracht."
- Heinrich Heine -

Eine gesunde Jugend ist unsere Zukunft.

Wußten Sie, dass 1995 bei nahezu gleicher Bevölkerungszahl wie 2019 für Jugendhilfe 21 Milliarden Euro incl. Jugendherbergen aufgebracht wurden, aber in 2019 bereits über 50 Milliarden Euro (jetzt aber ohne Jugendherbergen) notwendig waren? Die Jugendherbergen stehen jetzt finanziell meistens nicht gut da. Aus 200.000 Hilfen zur Erziehung wurden in 25 Jahren über 1.000.000 HzH.

Wußten Sie, dass das Familienministerium im „Guten Kita-gesetz" prozentuale Vorgaben (35%) verankert hat, welche vorschreiben, wieviel Prozent der Kleinkinder zukünftig nach den Vorstellungen der Regierung in Kitas abgegeben werden sollten und Alternativen zur Kinderbetreuung kaum beachtet werden?

Wußten Sie, dass in 10 Jahren über 1,2 Millionen Abtreibungen stattfanden, dass bei 96% als Begründung „Passt gerade nicht." angegeben wurde und nur 4% medizinisch notwendig waren, dass kriminelle Ursachen unter 0,00…% liegen?

Wußten Sie, dass ein Gesundheitsminister Spahn ein 50.000 Intensivbettenprogramm auflegte, dafür 696 Millionen Euro verbraten ließ und am Ende 5.000 Betten weniger existierten?

Wußten Sie, dass der beliebteste Jungenname in Deutschland 1995 noch (christl.) Lukas aber 2019 bereits Mohammed (mit all seinen Varianten) war?

Wußten Sie, dass die Bundesfamilienministerin der BRD zwar Diplom-Verwaltungswirtin und Master of Arts für Europäisches Verwaltungsmanagement ist und in 2009 in Politikwissenschaften promovierte aber dabei derart betrog, dass sie deshalb 2020 ihren Plagiatstitel zurückgeben musste, dass Frau Giffey nie im Bereich Familie arbeitete?

Wußten Sie, dass diese Ministerin in der Bezeichnung des Familienministeriums, die Männer beseitigte, und nachdem sie 2020 wegen den Plagiatsvorwürfen zurücktrat. nahtlos 2021 Bürgermeisterin von Berlin wurde?

Das ist natürlich nur beispielhaft und das ist auch keine umfassende Einschätzung der Leistungen, aber kann man Vertrauen zu solchen Politikern haben und darf man sich gut vertreten und aufgehoben fühlen? Von den anderen Vertretern dieser Zunft gar nicht zu reden, wie dem Verteidigungsminister mit seiner Spielzeugarmee, dem Landwirtschaftsminister, dem seine Landwirte Pleite gehen, und und und? Die

Figuren und Namen sind auch jederzeit austauschbar. Jede Wette, dass es bei ihren Nachfolgern nicht anders wird. Ihre Macht erreichen diese Menschen nicht durch Kompetenz. Und wo war das auch schon so? Es wird Zeit, sich für die Zukunft zu erinnern.
Erinnern erzeugt Fragen: Worauf läuft das eigentlich hinaus? Wer finanziert den Müll und warum werden politische Täter nicht bestraft? Wie sieht das Ende der Fahnenstange des "bunten Treibens" aus und wann ist es erreicht? Wie weit ist Kritik noch zulässig und was unterscheidet uns noch von totalitären Strukturen?

Kapitel 3
Die Faust – erinnern an die DDR-Diktatur

Henriette saß bei gedämpftem Licht im Wohnzimmer vor dem lodernden Kamin, den sie mit Buchenholz angefeuert hatte. Ihre Füße fühlten sich nach dem Schulweg, quer durch Matsch und Schnee an, als hätte ein Künstler aus einem Eisblock Fußzehen herausgearbeitet und Strümpfe darüber gezogen. Sie hatte ihren Sessel so nahe an die wärmenden Flammen geschoben, dass sie sich nicht gewundert hätte, wenn ihre Füße beim auftauen eine Pfütze gebildet hätten

"Hallo Jettchen." sagte hinter ihr die Stimme ihrer Mutter. "Du hast es dir ja gemütlich gemacht. Was dagegen, wenn ich mich dazusetze?"

„Erinnern heißt daraus lernen. (Ein Stuhlkreis geht heutzutage zur Not auch.)"

Ohne die Antwort abzuwarten, schob sie sich einen eigenen Sessel heran und setzte sich mit angewinkelten Beinen darauf.

Beide schauten eine Weile auf das knisternde Holz und die Flammen, die so wild gegen die Scheibe klopften, wie Papa gegen die Badtür, wenn morgens Henriette den Waschraum über Gebühr blockierte. Beide, Flammen und Papa waren gleichermaßen erfolglos. Die einen kamen nicht aus dem Kamin heraus und Papa nicht ins Bad herein. Henriette musste bei dem Vergleich schmunzeln. Dann fragte sie: "Du, Mama? Kannst du mir etwas aus deiner Jugend erzählen, als du

so alt warst wie ich?" Mama nickte und überlegte kurz. Dann fing sie, ganz in Gedanken, leise an zu erzählen, so als ob ein Spion im Wohnzimmer versteckt wäre.
"Ich war in der 4. Klasse und, wie fast jeder in der DDR, bei den Pionieren. Bis zur 4. Klasse war man Jungpionier und danach Thälmannpionier. Das waren Organisationen des Staates, die die Aufgabe hatten, schon den Kleinsten ein sozialistisches Schwarz-Weiß-Bild zu vermitteln. Hier die Guten und da die Bösen. Es wurde aber auch gesungen, gewandert und gebastelt. Manchmal gab es aber auch Veranstaltungen, wo alle in ihrer Freizeit in Uniformen erscheinen mussten. Da gab es staatliche Geburtstage, Jahrestage oder Gedenkveranstaltungen, an denen die Pioniere in voller Pionieruniform zu Aufmärschen mit Wimpeln und Fahnen einbestellt wurden, oder bei Mahnwachen und von einer solchen will ich dir jetzt erzählen."
Henriette schob ihren Sessel etwas zurück, weil es ihr jetzt doch zu heiß wurde. So sehr, wie sie vor Interesse brannte, ihre Haare sollten sich nicht entzünden.
Mama drosselte den Kamin und fuhr fort: "An einem Montagvormittag kam die Klassenleiterin überraschend in den Unterricht und verkündete, dass in der Woche darauf am Samstag eine Mahnwache vor dem Mahnmal am "Klubhaus der Werktätigen" stattfinden finden sollte.

Dort hatte man an einer Kreuzung eine Miniparkanlage angelegt und in der Mitte fünf große Steinquader auf einander gestapelt. Der oberste Stein war etwas größer und stellte eine Faust dar. Es stand für die Schlagkraft einer einigen Arbeiterklasse. Wir kannten es nur als „Die Faust". Am Samstag hätte sich die ganze Klasse um 8°° Uhr morgens dort einzufinden. Ende der Mahnwache sei 15°° Uhr. Man würde vor Ort Pionierkleidung austeilen. An zwei der kommenden Tage würden wir je eine Stunde dafür Gleichschritt, Kehrtwende, Wachablösung und Pioniergruß üben. Sie teilte noch einen Informationszettel für die Eltern aus und verließ die Klasse. In der Pause regten wir uns alle auf, denn es war Hochsommer und alle wollten ins Bad oder hatten etwas vor. Ich erinnere mich noch, dass die Aufregung bei meinen Eltern ebenfalls hoch war. Sie hatten einen Wochenendausflug mit Papas Eltern geplant, die zum Frühstück kommen wollten. Der musste jetzt ohne mich stattfinden. Abzusagen getraute sich niemand.

Als es so weit war, stand ich allein um 7°° Uhr auf und ging die knapp zwei Kilometer zu Fuß den Berg hinab bis ins Zentrum. Am Klubhaus, heute heißt es wieder (wie früher) Schützenhaus, standen schon die Meisten aus meiner Klasse vor der Tür. Als sie endlich aufging, nahm uns die Pionierleiterin der Schule in Empfang, führte uns unter das Dach und teilte zur Ergänzung Pionierkleidung aus, obwohl diese eigentlich die Eltern stellen mussten: Käppis, weiße Blusen, Pioniertuch, Strümpfe, Röcke für die Mädchen und Hosen für die Jungs. Sogar weiße Handschuhe gab es dazu. Es dauerte ein wenig, bis das Durcheinander beendet und alle umgezogen waren. Pünktlich um Neun hatten die Ersten unter der Faust zu stehen. Dann bildeten wir Vierergruppen, wenn möglich, je zwei Mädchen und zwei Jungs. Nach jeweils 20 Minuten war Wachablösung. Hinterfragt, warum wir das machen und was der tiefere Sinn daran war, hat damals niemand. Es war einfach so." Mama stand auf und holte sich ein Glas Wasser.

"Ich gehörte zur zweiten Gruppe." fuhr sie fort. "Vor der Tür stellten wir uns im Carré auf und marschierten bis zur Ampel, da die Faust auf der anderen Seite der Straße stand. 'Links, zwo, drei, vier, links zwo, drei, vier. Gruppe halt' kommandierte uns die Pionierleiterin bis dorthin. 'Gruppe marsch, links zwo drei vier' - ging es bis zur Faust. Dort standen unsere Klassenkameraden stramm aufgerichtet, so bewegungslos wie die Faust selbst und hatten die Hand zum Pioniergruß erhoben.

Als die ersten Pioniere kamen, flüsterte die Faust: „Hätt' ich gewusst, dass die mich veralbern, hätt' ich mich woanders hingestellt."

Unter den Kommandos der sozialistischen Drillmeisterin lösten wir die andere Gruppe ab, die im Gleichschritt zurückmarschierte." Mama machte eine Pause. Wahrscheinlich sah sie sich im Geiste im Uniformröckchen einen Stein bewachen. "Es hatte sich nachts kaum abgekühlt und jetzt wurde es sehr schnell warm. Die Sonne brannte uns erbarmungslos auf die Köpfe. Bewegen durften wir uns nicht und trinken schon gar nicht. Unter den Käppis lief uns der Schweiß in die Augen.

Die Ablösung kam leider auch nur vom Regen in die Traufe. Unter dem Dach des Kulturhauses herrschte stickige Schwüle. Es gab keine Getränke. Die einzige Abkühlung gab es am Wasserhahn in der Toilette und dort war nur noch ein Hahn funktionstüchtig. Zwei Stunden später fiel das erste Mädchen einfach um und lag die restliche Zeit auf einer Trage. Bis 15 Uhr hatten noch mehr dehydrierte Kinder einen Schwächeanfall. Die Pionierleiterin hatte zwar die zwanzig Minuten auf 15 verkürzt, das führte aber nur dazu, dass die verbliebenen Kinder häufiger raus mussten. Wer sich erholt hatte, musste sich wieder einreihen. Daher taten viele so, als ginge es ihnen nicht besser." "Wie ging es dir, Mama?" fragte Henriette. "Ich fühlte mich auch nicht gut, aber ich fiel wenigstens nicht um. Aber als die Mahnwache herum war und ich den langen Berg nach Hause laufen gelaufen war, drehte es auch mich leicht. Der Tag war für mich gelaufen und die vorhandenen Wasserflaschen geplündert."

Es trat eine Pause zwischen den beiden ein, in der sie ins knisternde Feuer schauten.

"Du, Mama." Hob Henriette erneut an. "Steht die Faust noch?" Mama schüttelte den Kopf. „Als die DDR unterging, rissen die Anwohner den Klumpen ab. Niemand weinte diesem hässlichen Teil auch nur eine Träne nach. Lediglich das Stadtmuseum hat noch einen Teil davon. Irgendwann sammelte eine engagierte Museumsleiterin die Reste alter Denkmäler ein, um unsere Geschichte zu bewahren. Ich bin heilfroh, dass diese Zeit vorüber ist."

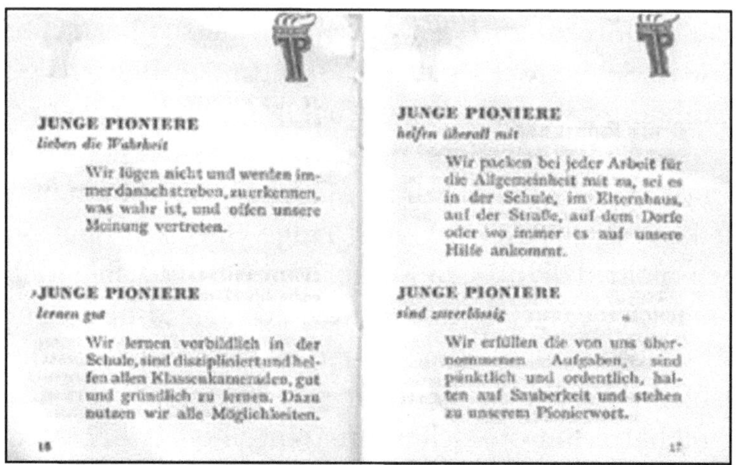

JUNGE PIONIERE
lieben die Wahrheit

Wir lügen nicht und werden immer danach streben, zu erkennen, was wahr ist, und offen unsere Meinung vertreten.

JUNGE PIONIERE
lernen gut

Wir lernen vorbildlich in der Schule, sind diszipliniert und helfen allen Klassenkameraden, gut und gründlich zu lernen. Dazu nutzen wir alle Möglichkeiten.

JUNGE PIONIERE
helfen überall mit

Wir packen bei jeder Arbeit für die Allgemeinheit mit zu, sei es in der Schule, im Elternhaus, auf der Straße, auf dem Dorfe oder wo immer es auf unsere Hilfe ankommt.

JUNGE PIONIERE
sind zuverlässig

Wir erfüllen die von uns übernommenen Aufgaben, sind pünktlich und ordentlich, halten auf Sauberkeit und stehen zu unserem Pionierwort.

Henriette nickte. Das konnte sie gut nachvollziehen. Ihr kam es gerade vor, als ob sie selbst dort gestanden hätte. "Kann so etwas wieder passieren?" fragte sie. "Selbstverständlich. Daher müssen wir immer wachsam sein, damit falsche Ideologien nie wieder Fuß fassen können." Mama stand auf. "Jetzt ist genug erinnert. Wollen wir uns was Schönes zum Abendbrot machen?" Das war eine klasse Idee. Henriette stand auf, um ihrer Mama zu helfen. Gott sei Dank, dachte sie, war sie nicht in der DDR geboren worden.

Die Mitläufer in der DDR stützten und fütterten durch ihr Handeln ein System, dass sie oft selbst hassten.

Kapitel 4
Nur Dumme füttern ein angreifendes Krokodil

Die ideologische Beeinflussung der Menschen wird immer umfassender. Wer große Menschengruppen lenken will, muss Einfluss auf die Bereiche nehmen, die alle gemeinsam haben. Das waren früher Sexualität, Sprache und Familie. Religionen nutzten genau dies in ihrer Mission. In der DDR wurde halb scherzhaft hinzugefügt: Irgendwann nehmen sie uns auch noch die Luft zum Atmen. Niemand hätte gedacht, dass das mal mit der CO2-Steuer Realität werden würde. Spätestens mit Augstein Seniors Titelblatt aus den 80igern, mit dem halb unter Wasser stehenden Kölner Dom, kam die Umwelt hinzu. Dann haben Regierung und Mainstream noch über die Migration die Komponenten Mitleid und Hilfsbereitschaft und mit Covid 19 und dem Klima noch die Gesundheit in ihr Steuerungskalkül aufgenommen. Die Steuerung über Ängste wird also immer umfassender und die Verantwortlichen werden immer weniger identifizierbar. Aus dem klar lokalisierbaren Religionsführer und seinen Vertretern wurde "DAS SYSTEM", welches höchstens lokale Bauernopfer zur Beruhigung der Massen hinwirft.

Das Ganze macht aber nur Sinn, wenn kleinere Organisationsstrukturen, sprich Staaten aufgelöst werden. Je kleiner ein Staat ist, umso mehr können die Einwohner mitbestimmen, welchen Weg er gehen soll und umgekehrt. Von kleinen Staaten geht übrigens auch kaum Kriegsgefahr aus. Und wie soll man unter diesem Aspekt die Pläne einer europäischen Armee bewerten?

Man kann durchaus konstatieren, dass eine undemokratisch gewählte EU, aber auch jede andere Art einer weiteren Globalisierung (außer gegenseitiger Hilfeleistung) eine Entmündigung der Menschen bedeutet. Das hier Gefahr besteht, in totalitären Systemen zu enden, liegt auf der Hand.

Die unkontrollierte Einwanderung beschleunigt diesen Prozess. Damit werden politische Gemeinsamkeiten als Gegenpol auf eine Weise marginalisiert, bei der die betroffenen Menschen keine Zeit mehr haben, der Zerstörung ihrer Freiheit entgegenzuwirken. Damit sie gar nicht, oder erst viel zu spät aufwachen, sorgen die Medien. Alle Mitwirkenden (Gewerkschaften, Kirchen, Spitzenverbände, Medien..) agieren unter der Auffassung, wenn ich mitspiele, also das Krokodil füttere, dann wird mir schon nichts passieren. Wie sinnvoll ist jedoch das Vertrauen in die Menschlichkeit des Krokodils, am Ende doch nicht gefressen zu werden?
Wer sich dem entgegenstellt, wird diffamiert. Warum? Weil er die Fütterung des Krokodils stört. Und genauso gewinnen die Minderheitenextremisten an Einfluss.

Welch ein dummer dummer Irrsinn, den viele Menschen noch aus falsch verstandener Menschlichkeit mittragen!!

„Es hat keinen Sinn, das Krokodil zu füttern, in der Hoffnung am Ende nicht gefressen zu werden. ES IST UND BLEIBT EIN KROKODIL."

Kapitel 5
Extremismus

Der Verfassungsschutz kennt verschiedene Arten von Extremismus: Linksextremismus, Rechtsextremismus, religiöser Extremismus, sonstiger Extremismus. Es können sowohl Personen als auch Gruppierungen extremistisch sein. Die Liste der als extremistisch eingestuften Gruppierungen ist lang und selbst der Staat kann extremistisch sein.

Extremismus bedeutet zunächst einmal, besonders vehement seine Meinung zu vertreten. Mahatma Ghandi war in diesem Sinne ein Extremist und Martin Luther King ebenso. Wir empfinden King und Ghandi heute als leuchtende Vorbilder, doch damals schaute es wohl anders aus. Extremisten können wir wahrscheinlich überall in der Gesellschaft finden, wie beispielsweise bei Feministen, Veganern oder Klimaaktivisten.

Bei Extremisten muss man also nicht nur genau hinschauen, für welche Ziele diese stehen, aber auch, wo man selbst steht. Denn es kann durchaus sein, dass die Meinungen gar nicht extrem sondern extrem auseinander sind oder man selbst oder der vermeintliche Extremist die Rollen vertauscht wahrnimmt.

Genau diese Interpretationsspanne eröffnet jede Menge politischen Spielraum. Unser Verfassungsschutz sollte prinzipiell unabhängig vom tagespolitischen Spielball beobachten, ob jemand oder eine Gruppe verfassungsfeindlich agiert und rechtzeitig einschreiten.

Extremismus ist abzulehnen, wenn er sich gegen die freiheitlich demokratische Grundordnung richtet.

Versucht er jedoch diese zu schützen, kommt es auf die Wahl der Mittel an. In Zeiten, in denen die Politik ständig uminterpretiert, ist die Mittelwahl jedoch schwierig. Ein immer weiter eingeengter gesellschaftlich zulässiger Rahmen, steckt immer mehr Menschen in politische Schubläden. So kann eine ganz normale politische Meinungsäußerung, 20 Jahre später erneut ausgegraben werden und zur Existenzvernichtung führen. Niemand kann sich mehr sicher sein.

Der Prozess endet zwangsläufig in einer Meinungskonfirmität, wie sie eine diktatorische oder totalitäre Gesellschaft kennzeichnet. "Die Partei, die Partei, die hat immer recht." lautete ein Lied aus der DDR.

Ostdeutsche äußern häufig, dass sie erneut eine Entwicklung in diese Richtung beobachten. Das Vertrauen in die Gewaltenteilung haben sie in großer Zahl bereits verloren. Gerichtsurteile sind nicht mehr nachvollziehbar, die Presse schwätzt unisono und da die Politik Auftraggeber des Verfassungsschutzes ist, ist dessen Arbeit leider auch nicht unabhängig. Das Ergebnis dieses Wechselspiels zeigt sich im unterschiedlichen Umgang mit den verschiedenen Extremismusarten und der Wahrnehmung der meist linksgrün orientierten Presse. So wird künstlich ein rechter Popanz aufgeblasen und zur Jagd gegen ihn geblasen, während auf linker oder religiöser Seite die Extremisten staatlich gepampert und oft viel zu lange in Ruhe gelassen werden. Nicht Verfassungsschutz sondern Staatsschutz heißt der neue gesellschaftliche Minderheitenkonsens.

"Dieses Land ist inzwischen die institutionalisierte Doppelmoral und zwar auf unzähligen Ebenen. Wo man hinblickt, es regiert die Lüge, die Selbstbereicherung, das ideologische Denkmuster, das Wegducken, das Abwarten, die Unterwerfung. Immer begleitet vom moralischen Singsang des Pharisäers. Es ist einfach widerlich, das alles ertragen zu müssen, weil man sich lange in einem empathischen, arbeitsteiligen Konstrukt wähnte, für das man einen Beitrag leistet und in dem man nach demokratischen

Spielregeln sicher leben kann. Der Missbrauch des Vertrauensvorschusses (früher hießen solche Verhaltensweisen Hochverrat) ist selbst für den politisch wachen und gut informierten Bürger eine riesige Lebensenttäuschung."

Findet man in einem solchen Land noch Heimat?

Kapitel 6
Sprache ist Heimat und Identität

„Sprache ist Heimat und Identifikation; Vergangenheit, Gegenwart und Zukunft"

Wir Deutsche vermeinen zwischen unseren politischen Lagern, unüberwindbare Unterschiede in unserem Denken und unseren Werten zu besitzen, doch dem ist nicht so.

Niemand möchte Hunger auf der Welt, Krieg oder Kinderarbeit, eine zerstörte Umwelt oder Diktaturen. Die Gleichberechtigung zwischen Mann und Frau ist für die allermeisten Menschen etwas, das Normalität sein sollte. Kinderschutz und eine soziale Gesellschaft in der die Starken den Schwachen helfen, sind weitestgehend bereits erreichte Errungenschaften einer hohen Zivilisation. Der Grundkonsens stimmt also. Doch sind wir satt geworden und wohlstandsverwöhnt. Wir arbeiten uns an Details ab, die uns als Stöckchen von den Herrschenden vor die Füße geworfen werden. Jedoch bewerten wir unsere heutige Zeit mit dem Werkzeugkasten des 19. Jahrhunderts. Die Auffassung, man müsse in Links, Mitte und Rechts einteilen passt nicht mehr. Da erfolgte im 20. Jahrhundert nach zwei Weltkriegen ein Neustart.

Die Frage der zukünftigen Gesellschaftsform stellt sich natürlich immer. Sie Visionen von Sozialismus und Kapitalismus sollten zu den begrabenen Visionen des Feudalismus und der Sklavenhaltergesellschaft abgelegt werden. Sie passen nicht auf die neuen

Visionen. Doch in diesem Umdenken werden uns immer neue Stolperstöckchen überall in den Weg gelegt. Die Stöckchenleger sind jedoch immer weniger direkt zu verorten. Man beherrscht uns über Angst und Hoffnung, Emotionen, welche uns alle gleichermaßen betreffen. Aus Angst kann alles erwachsen: Wut, Verzweiflung, Aktion und Gegenaktion, selbst selbstgewählte Unfreiheit. Nimmt man in einer medial verseuchten Welt, welche sich immer schneller verändert, noch „Teile und Herrsche" hinzu, dann hinkt die Entlarvung der Beherrschung der Realität immer stärker hinterher.

Angstmache und Einschüchterung öffnen unseren Geist für die Einflussnahme des Lenkenden. Corona lässt genauso grüßen, wie das Klima oder der Ablasshandel, der kath. Kirche, der Luther auf die Palme brachte.

Unsere Interpretationseliten sind in gewisser Weise das Gegenstück zur Aufklärung, welche den Individualismus entdeckte und damit unfreiwillig die Basis für das Aufbrechen der Gesellschaften in viele Einzelteile schuf.

Unsere Aufspaltung in unendlich viele Grüppchen wird nicht erst seit jetzt an vielen Fronten sichtbar: Alte gegen Junge, Mann gegen Frau, Schwarz gegen Weiß, Stadt gegen Dorf, Homo gegen Hetero, Arbeitnehmer gegen Arbeitgeber, Veganer gegen den Rest usw. Doch wäre das allein zu simpel, zu durchschaubar, zu direkt von der Gegenströmung beeinflussbar. Daher geht es noch viel tiefer in unsere psychische Substanz hinein. Damit das Spiel der Machtgewinnung für die Obrigkeit funktioniert, wird Bildung gegen Wissen getauscht, während man parallel die Sprache verändert und damit das Denken. Inhalte und Bedeutungen werden uminterpretiert, Worte mit Sprachverboten belegt und Zusammenhänge weggelassen oder verändert. Sprachtabus blockieren freies Denken. Was man nicht mehr denkt, spricht man auch nicht mehr. Es entstehen weiße Seiten, die dann neu beschrieben werden können. Jede Diktatur führte ein Neusprech ein. DDR-Bürger wissen das. Wir müssen den Mut haben, uns unseres Verstandes zu bedienen, um unser Denken zu schützen. Der Schutz der Sprache steht also weit oben. Christa Wolf meinte "Wenn wir zu hoffen aufhören, wird eintreten, was wir befürchten." Die Hoffnung und der Wille, die Sprache der Dichter und Denker vor dem Verfall retten zu können, sollte uns vereinen und normal sein.

Die Entortung/Entfremdung gebiert die Utopie, die süßeste Versuchung des Teufels. Hier wären Adam & Eva post lapsum, aber auch die Frühromantiker, Hegel & Marx in den Blick zu nehmen.

Letztlich auch die perversesten Formen der Romantik: die klassenlose und die rassenreine Gesellschaft (die Verdammung des Weißen ist eine negative Folie).

Auch die linksgrüne Klimaerlösung, die doch nur „big tech" oder „big finance" oder sonst wem in die Hände spielt, wäre eine Variation dazu. Dass sich nicht Abfinden mit einer gefallenen, verletzten, auf Gnade angewiesenen Welt.

Die terroristische Entschlossenheit das "u" von Utopie wegzusprengen, damit der Mensch alle Lebenswelten (als topos) beherrsche.

"Der Mensch ist ein Ortswesen. Der Ort macht erst das Wohnen, den Aufenthalt möglich. Das Ortswesen ist jedoch nicht notwendig ein Ortsfundamentalist. Es schließt die Gastfreundlichkeit nicht aus.

Destruktiv ist die totale Entortung der Welt durch das Globale, die alle Unterschiede nivelliert und nur Variationen des Gleichen zulässt. Die Andersheit, die Fremdheit wirkt der Produktion entgegen. So bringt das Globale eine Hölle des Gleichen hervor. Gerade angesichts dieser Gewalt des Globalen erwacht der Ortsfundamentalismus."

Buyng-Chul Han 2019.

Die Entortung und Entfremdung, die neue Kulturrevolution des 21. Jahrhunderts beginnt mit der Sprache.

Kapitel 7

Die Macht der Sprache – Trigger und Begriffe

Man stelle sich vor, 60 Millionen Europäer würden sich von Mitteleuropa nach SaudiArabien aufmachen und behaupten das wäre das nächste sichere Herkunftsland. Sie würden dort mehrheitlich die Sprache nicht oder nicht richtig lernen, nur die Hälfte würde arbeiten, einige würden saudische Frauen vergewaltigen, die meisten deren Kultur sowieso ablehnen und eine Teil Diebstähle und sonstige Untaten verüben. Würden die Saudis dies als Bereicherung verstehen? Wären sie froh, wenn betrunkene Russen mit Wodka vor der Moschee lärmten, eine Kirchenglocke nach der nächsten auftaucht, Bayern in Lederhosen ihre Bierfeste feiern und halbnackte Spanierinnen mit ihren Kindern nachts um 24°° Uhr noch in Tavernen sitzen?
Was wäre da wohl los? Wie weit würden sie unser Anderssein akzeptieren und wo wäre ihre Toleranzgrenze? Es ist ihr und auch unser Recht Grenzen zu setzen.

Zur Erinnerung: Akzeptanz ist etwas anderes als Toleranz. Akzeptanz bedeutet anzuerkennen, dass jemand anders ist. Es bedeutet Augenhöhe, aber nicht Kritiklosigkeit. Toleranz bedeutet, kritiklos hinnehmen und etwas zuzulassen, was man eigentlich nicht möchte, ja im Extremfall sogar ablehnt. Toleranz

ist etwas, dass man eventuell aus der Ferne hinnehmen kann. In der Nähe bedeutet es Unterwerfung.
Ein Mann kann akzeptieren, dass ein anderer seine Frau begehrt, aber nicht tolerieren das er sie stalkt, küsst, in die Arme nimmt oder mehr.

Genau deswegen reden unsere kommunistisch verseuchten 3.Welt-Pawlow'ler ja auch von Toleranz aber nicht von Akzeptanz.

Sie setzen einen Trigger, den viele Menschen nicht überspringen können. Trigger sind Worte oder Sätze, welche unterschwellig bestimmte Emotionen oder Reaktionen auslösen. Daher muss man das gewünschte (eventuell negative) Wort nur mit einem bestimmten Inhalt füllen. Anästhesie kann man mit schmerzfreier Operation (positiv) oder mit drohendem Gedächtnisverlust, Fehldosierung ja sogar Organraub verbinden. Das wäre dann in jedem Fall ein Trigger mit wahren Inhalten. Fieser wird es, wenn man diesen Trigger mit falschen Inhalten füllt, wie zum Beispiel tolle Träume, Entspannungshilfe, Rückführung in frühere Leben etc.
Genau deswegen müssen wir den Trigger „Toleranz" verbal auseinandernehmen und klar machen, dass man uns mit der Sprache permanent ins Nirwana führt.
Sprache sichert Macht.
Am deutlichsten wird es bei folgender, künstlich erzeugter Sprachgebrauchentwicklung: Flüchtling (noch unterwegs), Geflüchteter (Flucht zu Ende),

Asylsuchender (ist angekommen und im Aufnahmeverfahren), Migrant (ist neu hier, aber nur um zu siedeln), Migrationshintergrund. Letztere impliziert zwar Ausländer, suggeriert aber er gehöre nun schon zu uns, teile unsere Werte und Lebensart. Unmerklich plappern wir das nach. Welche Bezeichnung gibt es eigentlich, welche einen Migranten benennt, der zwar da ist, aber weder Werte des aufnehmenden Landes, noch die Lebenseinstellung der Bevölkerung teilt? Das ist der nächste (weggelassene) Trigger.

Was ich nicht spreche, denke ich auch nicht.

Wir müssen also eigene Begriffe schaffen, um den Deckel von der geistig vernebelten Käseglocke zu heben und frische Luft in die Hirne zu lassen. Migranten haben dieses Problem oft nicht.

Kapitel 8
Wie konservativ sind Migranten?

Warum wählen viele Migranten konservativ? Menschen mit Migrationshintergrund finden entgegen der allgemeinen Auffassung naturgemäß in konservativen Parteien mehrheitlich ihre politische Heimat. Der Gegner hält mit Bestechung, also Sozialleistungen dagegen und verhindert damit entgegen jeglicher Beteuerung, dass viele Menschen diese Heimat finden. Die Willkommenspolitik führt zur kulturellen Abgrenzung und ist das Gegenteil vom miteinander. Und deswegen geht es in der politischen Auseinandersetzung um Heimat. Massenhafte Einwanderung nimmt somit allen Beteiligten die Heimat. Wer eine neue Heimat sucht, will dort auch glücklich sein. Sie gefunden zu haben, und dann wegen einer nicht nachvollziehbaren Politik Stück für Stück wieder zu verlieren, ist eine menschliche Katastrophe. Sich für den Erhalt der neuen Heimat aktiv einzusetzen zeigt, dass unsere Freunde das neue Land schätzen und lieben gelernt haben. Es zeigt aber auch eine neue Angst vor der Einkehr von Zuständen, wegen denen man seine alte Heimat unter Umständen verlassen hat. Es gebührt ihnen daher besondere Hochachtung und unser aller Dank, denn sie zeigen Gesicht und haben Mut. Sie verstehen und sie handeln. Um dem Gegenwind des politischen Gegners Stand zu halten, muss man kämpferisch und engagiert sein. So schaut heute wahres bürgerschaftliches Engagement aus:

persönlicher Einsatz für die Gemeinschaft, selbst wenn ein Teil dieser Gemeinschaft verblendet, unwissend, aggressiv, gewalttätig oder einfach nur zu bequem oder ängstlich ist.

Danke an alle Selbstdenkenden, die sich auflehnen und ihre neue oder alte Heimat verteidigen!

Danke an alle, die mit uns gemeinsam hier freiheitlich demokratisch leben und arbeiten wollen.

Seid gewiss, ihr habt viele Freunde und Mitstreiter an eurer Seite.

Und Dank auch von den Kindern, denen man nur mit konservativ/demokratischer Lebensweise die besten Voraussetzungen für ihr Leben bereiten kann.

Adalbert Stifter brachte es auf den Punkt:

"Die Familie ist es, die unsern Zeiten nottut, sie tut mehr not als Kunst und Wissenschaft, als Verkehr, Handel, Aufschwung, Fortschritt, oder wie alles heißt, was begehrungswert erscheint. Auf der Familie ruht die Kunst, die Wissenschaft, der menschliche Fortschritt, der Staat.

Wenn Ehen nicht beglücktes Familienleben werden, so bringst du vergeblich das Höchste in der Wissenschaft und Kunst hervor, du reichst es einem Geschlechte, das sittlich verkommt, dem

Kapitel 9

Wie man uns beherrscht

Wieso konnten die 68-iger unsere Welt derart beeinflussen?

Nun, die Diskussion beginnt bereits bei der Frage, ob sie es überhaupt waren oder ob die ideologischen Wasserträger nicht schon Jahrzehnte, Jahrhunderte oder gar Jahrtausende viel früher die Grundlagen legten. Doch wenn sie es waren, wäre die Antwort so weitreichend und ungeheuerlich, wie simpel. Sie verstanden es, die Mechanismen der Einflussnahme der Kirchen über die Menschen und deren Sozialisierung zu übernehmen und sich den Weg über Institutionen zu bahnen. Dabei war ihnen bewusst, dass Politik alleine sie nicht mehrheitsfähig machen würde. Sie richteten also ihr Augenmerk auf die „Kinderbetten" und die Institutionen, welche den Zugriff auf den Nachwuchs ermöglichen.

Auch eine DDR-Diktatur folgte genau dieser Richtschnur. Dagegen ist auch nichts einzuwenden. Der hohe zivilisatorische Stand in Europa ist eben erst durch die Einflussnahme der christl. Kirche möglich geworden.

Unter dieser Sichtweise, ist es nur folgerichtig, dass linke und grüne Strategien ein langfristig angelegtes Ziel auf mehreren Ebenen verfolgen - und dies tun sie sehr erfolgreich. Allerdings unterscheiden sie sich maßgeblich. Während die "-...ismen" und die Religionen versuchten Familien zu steuern und in ihrem Sinne zu leiten, lösen die kommunistisch/grünen Ideologien diese Strukturen auf. Damit drängen sie den Einfluss der "Konkurrenz" zurück. Zusammen mit der Entmachtung der Eltern im Erziehungsprozess und einer völligen Auflösung des Sexualverständnisses, versuchen sie, sogenannte "unbeschriebene und hilflose Blätter" sprich Menschen zu erzeugen, welche sie dann in ihrem Sinne neu beschreiben können. Ein sinkender Bildungsgrad kommt der Verfahrensweise gut zu pass. Die sinkende Bildung wird perfide mit dem Kompetenzmäntelchen überdeckt. Unpassende Geschichte wird mit eigenen Erzählungen überschrieben und bewusst Ausbildung über Bildung gesetzt.

Das ist der Nährboden, der das Umdefinieren von Sprache ermöglicht. Gendergaga ist Ursache und Ziel - Auflösung von Familie und Sexualität. Letztere wird über die Instrumentalisierung und den Missbrauch von Minderheiten wie Homosexuellen und Transgendern zum Körpersport für Alle und zur allgemeinen Verunsicherung.

Normalität wird diskriminiert und Widerspruch diskreditiert.

Wie aber schafften sie es? Sie nutzten zwei Wege:
Oberhoheit über die Kinderbetten (Lufthoheit nannte dies 2002 SPD-Generalsekretär Olaf Scholz)
und
"Der lange Weg durch die Institutionen".
Sie schufen weitverzweigte Netze und infiltrierten Kindergärten, Schulen, Ämter und Sozialeinrichtungen.
Die Mehrheit der Menschen verschlief diese Entwicklung. Die wenigen konservativen Kräfte waren zwar da, aber viel zu leise, um massenhaft gehört zu werden.
Der Zusammenbruch der DDR und die Fehlentwicklung der EU, eröffneten den 68-igern ungeahnte neue Wege der politischen Einflussnahme.

Und darum müssen Bürgerbewegungen auf die Straße und aufklären. Parallel braucht es eine in sich einige parlamentarische Opposition, die dies auf allen ihr zur Verfügung stehenden Wegen in den Parlamenten tut. Denn eines dürfte klar geworden sein, Links bedeutet überhaupt nicht menschenfreundlich, sozial oder friedlich und rechts (also konservativ) bedeutet überhaupt nicht menschenfeindlich, unsozial und schon gar nicht aggressiv. Hier spüren wir das Kampfinstrument der Sprache. Was wir nicht mehr sprechen, denken wir auch nicht. Veränderte Sprache und sinkende Bildung führen zur Tunnelbildung im

Denken. Das Netzwerkdurchsetzungsgesetz lässt grüßen. Ein Studium ist heutzutage nicht mehr viel wert.

"Es gab noch nie so viele Akademiker in Deutschland wie heute."
Sagt der Mainstream

"Es gab noch nie eine solche Proletarisierung unserer akademischen Kreise wie heute."
Sagt der Kritiker

Realität, Konservatismus und Bildung sind die politischen Bollwerke, an denen dieses intolerante menschenfeindliche linksideologische Machwerk zerbrechen wird.

Was sagen Goethe und Voltaire zum Begriff Toleranz?

Johann Wolfgang von Goethe
(1749 - 1832), bedeutendster deutscher Dichter, Naturwissenschaftler und Staatsmann

„Toleranz sollte eigentlich nur eine vorübergehende Gesinnung sein: sie muß zur Anerkennung führen. Dulden heißt beleidigen.“

Quelle: Goethe, Maximen und Reflexionen.
Aphorismen und Aufzeichnungen. Nach den Handschriften des Goethe- und Schiller-Archivs hg.

von Max Hecker, Verlag der Goethe-Gesellschaft, Weimar 1907. Aus dem Nachlass. Über Literatur und Leben

Voltaire

(1694 - 1778), eigentlich François-Marie Arouet, französischer Philosoph der Aufklärung, Historiker und Geschichts-Schriftsteller

„Was ist das: Toleranz?
Es ist die schönste Gabe der Menschlichkeit. Wir sind alle voller Schwächen und Irrtümer; vergeben wir uns also gegenseitig unsere Torheiten. Das ist das erste Gebot der Natur."

Quelle: Voltaire, Philosophisches Wörterbuch (Dictionnaire philosophique portatif), Genf u. London 1764, übers. von A. Ellissen 1844

Und was sagen bekannte Zeitgenossen zum Begriff Toleranz?

Christina Küfner

(*1962), Liebeskind und Gedankenversucherin

„Tolerant ist man nur, solange das eigene Interesse nicht betroffen ist."

Erich Limpach

(1899 - 1965), deutscher Dichter, Schriftsteller und

Aphoristiker
by Friedrich Witte

„Man sollte die Toleranz nie so weit treiben, daß die Intoleranten Vorteile daraus ziehen könnte.“

Renzie, Thom

„Wer Toleranz und Vielfalt postuliert, aber keinen Widerspruch duldet, offenbart Einfalt und Ignoranz.“

Sinkende Bildung und ideologische Intoleranz führen zum Verlust der Sachlichkeit, welche durch Glauben ersetzt wird.

Kapitel 10
Wer an nichts glaubt, glaubt an alles

Wenn man sich in diesem Land mit irgendeinem Thema intensiver beschäftigt, dann stellt man schnell fest, dass immer nur Teillösungen existieren. Überall wird nur halbherzig herumgedoktert. Als ob man im 21. Jahrhundert noch lernen müsste, dass alle sozialen und wirtschaftlichen Themen der Gesellschaft zusammenhängen und man zu Ende denken muss

Das macht Kritik leider immer grundlegend und schafft extreme Gegnerschaft. Womit wir wieder beim Staat als Extremisten wären. Wer sich jahrzehntelang sozial gibt, gibt beispielsweise nicht mehr zu, dass am Ende soziale Ungerechtigkeit steht. – Wobei irren menschlich ist, zu uns allen dazugehört und die Basis für jegliche Weiterentwicklung ist. Ich will gern zugestehen, dass das Irren oft nur unbeabsichtigter und ungewollter Nebeneffekt ist. Politisch ist es aber fast immer Ursache oder Folge eines unrealen Wunschzieles, einer Utopie.

„Das Auftauchen eines wahrhaft genialen Geistes kannst Du untrüglich daran erkennen, dass sich sofort alle Nieten gegen ihn verbünden!"

Jonathan Swift

Da kann es keine Kompromisse geben und das führt zu erstarrter Gegnerschaft. Darin liegt die Katastrophe unserer Zeit.

Ich-Bezogenheit und mangelndes Miteinander manifestieren sich in einem Gegnertum, welches das Aufzeigen eigenen Irrens als Angriff auf die empfundene Wahrheit sieht, welche in Wirklichkeit weit entfernt von derselben ist. Was im Umkehrschluss den Kritiker zum Befürworter der Unwahrheit macht, welche es wiederum zu bekämpfen gilt.

Was für ein Irrsinn, denn es führt nicht zum Licht der Wahrheit und zum Kompromiss, sondern zur Dunkelheit und Zersetzung. Aus solcher Wirrung entstehen Diktaturen, menschlicher Niedergang, religiöser Irrglaube und auch kulturell/identitäre Auflösung.

„HALLELUJA IHR DEMOKRATIEVEGANER"

Wer an nichts mehr glaubt, glaubt eben an alles. Halleluja ihr Bildungsveganer, Halleluja ihr Lügenpillendreher, Halleluja ihr CO2-Moleküle sehenden Klimaapostel und amazonsüchtigen Weltverbesserer, Halleluja ihr all-over-Schuldkultbilder-stürmer und Halleluja ihr Gläubigen der vielgeschlechtlich-feministischen–alte/weiße-Männer-Unterdrückungsopfer-Kirche/Sekte.

Willkommen im Mittelalter der Neuzeit.

Willkommen im Sumpf, in den wir uns am eigenen Schopf hineinziehen. Willkommen im Sumpf und Schmutz der allgegenwärtigen überall hingeworfenen Lüge.

Kapitel 11
Lügen sind Schmutz, der hängen bleibt

„Wahrheit triumphiert nie, ihre Gegner sterben nur aus."
Max Planck.

Ein Beispiel für Framing, also für Lügen ist die AfD. Man hat der Öffentlichkeit eingeredet, dass diese Partei dem Dritten Reich nahe stünde, sodass manche schon bei deren Erwähnung im Geiste Nagelstiefel in Treppenhäusern hören. Die Wahrheit ist, dass diese Partei in allen Parlamenten und Reden kritisiert, dass Ordnung, Recht und Demokratie zunehmend zersetzt werden, das die Fiskalpolitik schlecht ist, erneut Kriege geführt werden und der Sozialstaat in Gefahr ist. Die wegen Parteizugehörigkeit oder anderer Meinung beruflich deswegen gekündigten Menschen oder bei Banken und Mietwohnungen
abgewiesenen Menschen sind kaum noch zu zählen.
Wir erinnern uns an die Überbringer der schlechten Botschaft.
Ähnlich sieht es auch bei den anderen neuen Parteien, bei Bürgerbewegungen und Protestorganisationen aus, welche immer mehr werden. Dennoch glauben viele Menschen dieser Mär von den gefährlichen Rechtsextremisten.
Und wer hat denn ständig das Dritte Reich mit den nationalen Sozialisten im Kopf und versucht deren kranke Gedankenwelt ständig den friedlichen

Konservativen überzustülpen? „Wenn der Faschismus wiederkommt, wird er sich Antifaschismus nennen." Sagte angeblich der Schweizer Journalist Francois Bondy. Da mag jetzt jeder selbst nachdenken, an welchen Erscheinungsformen man ihn erkennen kann.

(Lukas 9, 62 „Wer einen Pflug zieht, sollte nicht nach hinten schauen." Was nicht bedeutet, dass man nicht ab und zu innehalten sollte, um auszuwerten, was gut und was schlecht war. Doch wer ständig nach hinten schaut, zieht eine krumme Furche.)

Auf jeden Fall sind es nicht die letzten verbliebenen systemkritischen Denker, welche ständig und überall wie gehetzt rückwärts schauen. Sie vertreten Bevölkerungsgruppen, die sich Sorgen machen um die Zukunft, um Nachhaltigkeit, Sicherheit, den Erhalt der (positiven) Errungenschaften der Aufklärung und zivilisatorischer Werte. Es geht nicht um den Schuldkult der Vergangenheit. Man macht sich Sorgen um eine gleichschaltende Zukunftsutopie, bar jeder vernünftigen Erkenntnis. Nein, es sind die internationalen Sozialisten und Globalisten, welche krumme Furchen ziehen. Und diejenigen die sich Sorgen machen, werden geächtet – absurd, oder?

Es ist deutlich zu spüren! Sie sind wieder da, diejenigen, die im Namen der Toleranz und Vielfalt die Meinungsvielfalt und Toleranz abschaffen. Diejenigen, die unsere Gesellschaft zurück in die Diktatur brüllen und prügeln. Diejenigen, die unsere Kultur und Wissenschaft ignorieren und unser blühendes Land zurückdrehen wollen in eine digitale Zukunft, in der sie die Oberhoheit über unsere Sprache, unsere Sexualität, unsere Familie besitzen und uns mit Ängsten über Umwelt und Krieg in Schach halten können.

George Orwell meinte sinngemäß, diejenigen die vorgeben Gewalt abzulehnen, können dies nur, weil sie jemanden haben, der dies für sie tut.

Gewalt kann, muss aber nicht körperlicher Natur sein. Und wer könnten die Gewalttäter in heutiger Zeit sein? Die Antifa für die SPD? Fridays fur Future für die Grünen? Überall beteiligt, die Akteure für die Linken wie die MLPD oder die FDJ? Die finanziell abhängigen Institutionen, Universitäten und Verbände für den Staat, welche ja nur die herrschenden Ideologen aus den Parteien wiederspiegeln? Ist es eine okkupierte Parteienlandschaft, mit einer CDU, welche von eine kommunistischen Agitpropagandafrau aus der DDR-Diktatur geleitet wurde? Die konservative Mitte wurde jedenfalls nach links gekapert und das rechte Spektrum zerstört.
Der verlassene politische Bereich hinterlässt nun ein Vakuum und seine Gegner? (Oder wäre Feinde der bessere Begriff?) Nun, die können nahezu ungestört und unwidersprochen agieren. Das suggeriert der breiten uninteressierten Masse, das die Enterer im Recht seien. Es sind geniale Lügner.

Kapitel 12
Wir wissen, sie lügen. Sie wissen, sie lügen.

Alexander Issajewitsch Solschenizyn: **Zitat: „Wir wissen, sie lügen. Sie wissen, sie lügen. Sie wissen, dass wir wissen, sie lügen. Wir wissen, dass sie wissen, dass wir wissen, sie lügen. Und trotzdem lügen sie weiter."**

Nur wegen der schweigenden Mehrheit, kommen sie mit den Lügen durch! Mehr gibt es dazu eigentlich nicht zu sagen.

Oder hat Albert Einstein (1879-1955) Recht, wenn er sagt:
"Blinder Glaube an die Obrigkeit ist der schlimmste Feind der Wahrheit."?
Schweigt die Mehrheit also gar nicht und ist lediglich in fast religiöser Blindheit unempfänglich für die Realität?
Vielleicht ist das alles zu kompliziert gedacht. Solschenizyn bezieht sich auf eine aufgeweckte und wachsame Bevölkerungsschicht, welche im Normalfall unter 15 Prozent bleibt. Obwohl aus diesen Reihen gute Denker kommen, hat das nichts mit einem Intelligenzgrad zu tun, eher mit einem Gespür für Moral und Recht. Es sind Menschen, die Unrecht nicht ertragen können und ab einer bestimmten Schmerzgrenze aktiv werden. Diese ist bei den Menschen jedoch unterschiedlich ausgeprägt. Und so muss erst die Lebenssituation vieler Menschen sich

dramatisch verschlechtern, bis sie wach werden, und noch schlechter, bis sie aktiv werden. Ihnen stehen die freiwilligen (Staatsgewalt und Profiteure) und die unfreiwilligen (radikale Ränder) als gemeinsame Schergen des Regimes gegenüber. Letztlich geht es den Oberen immer um Macht und Geld und nie um Gerechtigkeit und Menschlichkeit. Solange sie nicht übertreiben und die Menschen satt sind, ist das alles auch kein Problem. Doch kommen immer wieder die Schlechten nach oben. Die Guten scheitern und kommen höchstens bis zur zweiten Reihe, außer es liegt eine Katastrophensituation vor, wie eine Hungerkatastrophe oder ein Krieg. Welche Regierungsform vorliegt, ist dabei völlig unwichtig. Und daher geht es mit den Menschen wie in einer Sinuskurve rauf und runter.

Wer glaubt, dass man sich seinen inneren Frieden bewahren muss, der wird ihn nur etwas später verlieren. Wer glaubt, dass die Marktschreier, die jetzt statt auf dem Marktplatz in den Wohnzimmern herumtönen keine eigenen Ziele haben und alles wahr ist, wird eines Tages merken, dass seine Freiheit dahin ist.

Wer meint alles zu wissen und zu verstehen, ist ein überheblicher Dummkopf und ist bereits unfrei.

Wer denkt, dass Freiheit im Gesetz steht und garantiert ist, vergisst, dass die Mächtigen die Gesetze machen und wird eines Tages feststellen, dass das Gesetz geändert wurde.

Wer nicht bereit ist, für seine Freiheit einzustehen, wird sie verlieren.

Wer seine Heimat nicht verteidigt, wird heimatlos.

Also haben beide recht, Einstein und Solschenizyn.

Der Dalai Lama bot der Diktatur in China die Stirn und musste ins Exil gehen. Dort schrieb er "Das Buch der Freiheit", "Das Buch der Menschlichkeit" und "Das Buch der Freude". Genau diese drei Dinge machen uns Menschen aus. Sie gehen schneller verloren, als wir denken.

Um unser Glück zu erhalten, müssen wir ab und zu etwas davon opfern. Auf die Idee, dass die Geschlechter sich gegenseitig auf dem Opfertisch darbringen, wäre vor ein paar Jahren niemand gekommen.

Kapitel 13
Linker Geschlechterkrieg

Gleichstellung oder Gleichberechtigung, Quote oder nicht Quote, das ist eine Frage, die wir (leider) diskutieren müssen.

Zunächst ein paar Fakten, die man für eine Entscheidung kennen muss.

Gleichberechtigung bedeutet, dass jeder die gleichen Rechte besitzt. Was jeder aus seinem Leben macht, hängt vom Willen und Können ab.

Gleichstellung bedeutet, dass alle Menschen gleich sind, was sie defacto nicht sind.

Quote bedeutet aber in diesem Sinne, dass "DIE Dumme und DER Kluge" beide auf denselben Posten kommen, während bei der Kombination "DER Dumme und DIE Kluge" der Dumme immer unten bleibt. Richtig wäre, dass "DIE Kluge und DER Kluge" auf denselben Posten gelangen, vorausgesetzt, sie wollen es auch.

Psychologen der Universität Edinburgh bestätigten 2007 in einer Studie, was schon lange bekannt ist. Männer sind die Dümmsten, aber auch die Klügsten. Das heißt, dass es mehr dumme Männer als dumme Frauen gibt, aber auch mehr superschlaue Männer als superschlaue Frauen. Dazwischen haben die Frauen mehrheitlich das Sagen.

https://www.zeit.de/online/2007/39/studie-maenner-frauen

In ihrer Untersuchung fanden Paul Irwing und Richard Lynn vom Zentrum für Psychologie der Universität Manchester heraus, dass der IQ von Männern im Alter über 14 Jahren durchschnittlich fünf Punkte höher ist als bei Frauen. Und je höher der IQ ist, desto größer ist der Studie zufolge, der Abstand zwischen Männern und Frauen. Ab der Grenze von 155, die Genies zugesprochen wird, kommt auf 5,5 Männer sogar nur noch eine Frau.

Quelle:
https://www.sueddeutsche.de/panorama/neue-studie-also-doch-maenner-sind-intelligenter-als-frauen-1.859443

Jedoch sind Frauen viel effektiver, was dazu führt, dass sie den Alltag oft besser beherrschen als der Mann. Sie führen oft ihre Familien an und sind die führenden Nestbauer und Finanzberater. Der Intelligenzquotient allein ist für das Miteinander der Menschen aber nur einer von mehreren Bausteinen. Wer mehr rationale Intelligenz besitzt, kann vielleicht ein Auto besser montieren, aber dennoch ein menschlicher Vollpfosten sein. Ihm/ihr fehlt emotionale Intelligenz. Dann kommen noch Testosteron und Östrogen ins Spiel. Testosteron ist nicht nur für die äußerlichen Merkmale des Mannes verantwortlich, sondern auch für seine Ausdauer, sein dominantes Verhalten und seine Kognition.

Östrogen bildet die körperliche Weiblichkeit aus und ist verantwortlich für die Fertilität des Körpers. Es ist aber auch für weibliche Stimmungsschwankungen verantwortlich. Frauen erleben am eigenen Körper, wie ein Mensch entsteht, weswegen sie sich mehrheitlich viel lieber mit lebenden Menschen, Pflanzen und Tieren abgeben, als mit toten und technischen Dingen, wie Männer.

Quelle:
https://www.cerascreen.de/blogs/gesundheitsportal/oestrogen-oestrogenmangel-und-oestrogendominanz

Der Grundfehler in der Quotenforderung liegt nicht in fehlender Rechtsprechung sondern darin, dass Frau und Mann nicht als eine gegenseitige Ergänzung verstanden werden, innerhalb derer Ungerechtigkeiten ausgeglichen werden müssen, sondern als Konkurrenten.

Auffällig ist, dass in den Parlamenten diejenigen Personen/Parteien am lautesten danach schreien, welche in ihren Fraktionen einen niedrigeren Bildungsstandart aufweisen. Was aber per sè kein Problem darstellt, möchte man doch einen Querschnitt der Bevölkerung darstellen. Eine Lösung über eine

Intelligenzquote scheint da manchmal angeraten zu sein. Es drängt sich der Eindruck auf, dass dümmere Menschen Neid auf die klügeren entwickelten und diesen Neid gesellschaftsfähig machen. Das Ganze scheint gestützt durch die Annahme, dass Frauen häufiger im Alltag das Sagen haben und sich daraus ergäbe, dass das auch in Führungsetagen so sein sollte. In den von Frauen gewünschten Gebieten haben sie jedoch bereits das Sagen, so wie die Männer bei ihren technischen Spielzeugen, wie den Autos. Bei einem derzeitigen Frau-Mann-Verhältnis von 1:5,5 in den obersten Chefetagen entspricht das ungefähr den Forschungsergebnissen. Leider ist dies kein Bereich, wo gütige Menschen aufeinandertreffen oder Stuhlkreise üblich sind. Hier geht es um die Sache. Fressen oder gefressen werden. Wenn das jetzt per Quote geändert wird, landen dort Menschen, welche gefressen werden. Für die Unternehmen sieht es dann nicht mehr ganz so gut aus, denn sie können ihre Leistungsträger nicht mehr frei platzieren. Die Fehler merken dann die Mitarbeiter an ihren Entlassungspapieren und natürlich auch die Geschäftspartner, letztlich kann der Wohlstand der Gesellschaft dadurch sinken.

Jede Frau, welche ganz oben arbeitet, weil sie es kann und will, wird außerdem in einem Generalverdacht landen, wenn es mal nicht so läuft. Die Kollegen (Männer wie Frauen) welche mit den Quotenkolleginnen zwangsweise klarkommen müssen, gewinnen einen Feind in den eigenen Reihen, selbst wenn diese Person fleißig, nett und freundlich ist. Passiert das im großen Stil und dann auch im Alltag, haben wir eine erneute Spaltung und dann sogar

zwischen den Frauen. Da darf man gespannt sein, was als Nächstes kommt, Mann gegen Mann?
Was haben wir denn da bereits: Frau gegen Mann, alt gegen jung, homo und divers gegen hetero, arm gegen reich, Alleinerziehende gegen Familien, Veggies gegen Normalesser, Ost gegen West, links gegen rechts.... Die Liste ist lang.

Spalte und herrsche ist ein todsicheres Machtgewinnungs- und Machterhaltungsprinzip. Warum also nicht auch im Berufsleben spalten? Die Arbeiterklasse hatte eh verloren, als sie sich in immer kleinere Gruppen einteilen ließ. Die Quote ist da nur ein Puzzleteil und Gender einer der größeren Ausschnitte im Puzzle. Wer ungleiche Bezahlung von Mann und Frau kritisiert, hat recht, wenn er nur die Statistik bemüht ohne sie lesen zu können oder zu hinterfragen. Doch haben Männer und Frauen auf gleichem Arbeitsplatz immer gleichen Lohn. Wenn also nachwuchsbedingte Ausfallzeiten entstehen, braucht es nur einen gesetzlichen Ausgleich. Die Arbeit mit Menschen: Kindergärten, Sozialarbeit, Schulen, Pflege etc. machen in der Mehrheit Frauen. Diese Bereiche sind unproduktiv und unterbezahlt, aber unverzichtbar. Für die Bezahlung sind die Tarifparteien zuständig, zu denen übrigens in weiten Teilen auch die Kirchen gehören. Diejenigen, die als erste genderten und über ihren parlamentarischen Arm die Ungleichbezahlung kritisierten, sind defacto in Personalunion mit den Quotenforderern und "Frauen werden diskriminiert" –Schreiern und oft in Personalunion mit denjenigen, die das Problem verschulden. Dabei wäre es doch ganz einfach. Man fordert Tariflöhne und setzt als Regierung den Gewerkschaften einen Termin zur Umsetzung. Oder man schafft Steuererleichterungen in den betroffenen Branchen. Problem erledigt: vorausgesetzt die Wirtschaft läuft und es ist bezahlbar. Warum setzt man es nicht einfach um, sondern trägt über viele Jahre hinweg Problem und Spaltung in die Gesellschaft? Wenn unsere Familien noch Leitbild wären und mehrheitlich funktionieren würden, dann bräuchte man die ganze Diskussion nicht. In einer Familie funktionieren Frau und Mann als Einheit, ebenso wie Kinder und Eltern sich als Einheit verstehen. Jeder übernimmt nach seinen Wünschen und Fähigkeiten die Arbeiten, die der Familie am zuträglichsten sind oder die der andere nicht mehr oder noch nicht kann. Altenheime und Kinderaufbewahrungsstätten und die extrem vielen Pflegekräfte brauchen wir doch nur, weil Kinder sich nicht mehr um ihre Eltern kümmern. Oder sollte man eher sagen, kümmern können? Auch abgetriebene Kinder oder weggelassene Kinder können sich nicht um ihre alt gewordenen Eltern kümmern, geschweige denn deren Rente erwirtschaften. 96 Prozent der Frauen, welche sich ihr Kind aus der Gebärmutter schaben lassen, geben an, dass es gerade nicht passt. Viele haben Zukunftsangst. Es sind aber auch die Männer, die Angst vor Babys haben. Sie alle sind dann Jahre später dieselben, die Angst vor dem Alter haben. Das nennt sich dann Sozialstaat.

Nein! Wir haben ein völlig falsches Verständnis von einem Sozialstaat. Wir verlagern unsere eigenen sozialen Aufgaben auf den Staat. Dieser gibt unser eigenes Geld für uns aus, ohne unsere

Probleme lösen zu können, denn nur wir Menschen im alltäglichen Miteinander können uns geben, was wir brauchen. Aber woher kommt diese Angst?

Kapitel 14
Wie sozial ist unser Staat eigentlich?

Wieso fühlen sich immer mehr Menschen alternativlos im Hamsterrad gefangen und wieso ängstigen sich junge Menschen vor Nachwuchs?

Allein die Frage impliziert bereits einen Teil der Antwort.

Die Forderung nach Flexibilität im Arbeitsprozess ist eine der familienfeindlichsten Phänomene überhaupt. Privat redet sich jeder ein, dass das einleuchtend sei. Man versucht, aus purem Eigenerhalt oder aus Karrieregründen dem gerecht zu werden. Da passen Kinder erstmal nicht hinein. Man hofft, ein Nest bauen zu können, etwas Geld sparen und somit für Sicherheit sorgen zu können. Für viele kommt es aber anders als man denkt. Man stellt die vielen Abzüge auf der Lohnkarte fest, steigende Preise und Mieten, ist von Haustür bis zur Arbeit und zurück 10 Stunden unterwegs, muss die Arbeit wechseln, vielleicht den Wohnort, hat die Eltern nicht mehr als potentielle kostenlose Betreuer zur Seite usw. Irgendwas passiert eben immer oder kommt dazwischen. Man wartet auf den geeigneten Moment, der nie kommt. Entscheidet man sich dann für ein Kind, ist schon viel Zeit vergangen. Man verhütet, treibt ab oder hat schlichtweg noch nicht mal die Zeit für einen Partner. Ursächlich ist die Grundeinstellung, die Menschen bis 35 in den Karrierezwang bringt. Wer es bis dahin nicht geschafft hat, bleibt meist dort, wo er ist. Ab 40 überholen einen die jüngeren Kollegen. Ab 50 läuft man bereits Gefahr zu alt zu sein.

Der Staat befördert Flexibilität mit Fahrkostenersatz, doppelter Haushaltsführung und Auslöse. Die hohen Steuerabgaben führen zum Zögern, was den Kinderwunsch betrifft. Kinder sind teuer. Und dann werden es eben nur 1 bis 2 Kinder und sie kommen erst, wenn für sie sogenannte Sicherheit vorhanden ist. 1,56 Kinder pro Frau sind viel zu wenig, obwohl etwas weniger Einwohner pro Quadratmeter in unserem überfüllten Land gar nicht so schlecht wären. Wenn wir uns halbierten, hätten wir eine Bevölkerungsdichte wie Frankreich und immer noch mehr Einwohner pro Quadratmeter als Polen.
Das führt ohne gesteuerten Finanzplan jedoch in ein Chaos.
Wenn wir uns mehr Kinder wünschen, müssen wir weg von der Flexibilität und hin zur Stabilität im Arbeitsmarkt. Die Älteren werden es noch kennen, 40 Jahre im selben Unternehmen waren keine Seltenheit. Der Staat muss aufhören, von sprudelnden Steuereinnahmen zu reden (dabei das Geld weltweit zu

verteilen) und stattdessen mehr den Familien im Geldsäckel belassen. Dann kann der Staat auch seine Sozialleistungen zurückschrauben. Er kann mehr Kinder erwarten, was auch für den Rentenfonds gut wäre und es gäbe den jungen Familien schneller die Möglichkeit zum Start.

Deswegen fordert die AfD (neben anderen Gründen) einen schlanken Staat, der sich auf Kernaufgaben wie die Familienförderung beschränkt.

Ach ja, und kostenlose Abtreibungen müssen bei eklatantem Kindermangel auch nicht sein. Für Vergewaltigungsopfer oder bei gesundheitlichen Gründen allerdings schon. Es gab von 1997 bis 2016 satte 2,7 mill. Abtreibungen. Wenn diese Menschen in die Rentenkasse einzahlen würden und dem Arbeitsmarkt zur Verfügung stünden....

Kapitel 15
4.000 Geschlechtsidentifikationen?

In einem Tagesschauinterview mit Lucie Veith vom 23.02.2012 (*1) meinte diese: „...Eine Schätzung auf Grundlage von wissenschaftlichen Arbeiten geht von 80.000 bis 120.000 intersexuellen Menschen in Deutschland aus. Das ist aber keine homogene Gruppe, sondern eine Vielzahl von Besonderheiten. Wir kennen 4.000 Varianten von geschlechtlicher Differenzierung." Diese Zahlen waren Basis für jede Menge Maßnahmen, welche man als Angriffe gegen das Familienbild Mama, Papa, Kind bezeichnen kann. Das

Bundesverfassungsgericht in seinem Intersexualität-Urteil 2017, bei dem die Richter einen dritten Geschlechtseintrag im Behördenregister gefordert hatten, noch von bis zu 160.000 Betroffenen aus. (*2) Es wurde ein unglaublicher Geschlechterkrieg inszeniert, bei dem beide Geschlechter letztlich nur verlieren können. In Sachsen wurden vier Jahre später in blinder Idiotie sogar Bindeneimer für Männertoiletten (*3) gefordert. Behörden und Universitäten änderten Formulare und passten Stellenausschreibungen an. Man versuchte sprachpolizeiliche Regelungen anzulanden und der größte Teil der Medienlandschaft zog mit.

Die Realität sieht jedoch anders aus. Nachdem ein drittes Geschlecht gesetzlich anerkannt war, schrieb das Ärzteblatt 2019 (*4): „Deutlich weniger Menschen als bisher angenommen definieren sich in Deutschland weder als Mann noch als Frau. Wie die ‚Zeit‘ jetzt berichtete, handelt es sich lediglich um einige hundert Personen hierzulande." Was nachvollziehbar ist, denn ganz besonders transsexuelle Menschen wollen eben auch nur Mann oder Frau sein und nicht irgendwas.

Die Wochenzeitung berief sich auf eine eigene Umfrage bei den Standesämtern der elf größten deutschen Städte. Diese habe ergeben, dass bislang lediglich 20 Personen beantragt haben, ihren Geschlechtseintrag auf „divers" ändern zu lassen (Stand Mitte April 2019). Weiterhin heißt es: „Eltern medizinisch intersexueller Neugeborener, die ihr Kind als „divers" eintragen ließen, gibt es in den befragten Städten laut Umfrage bislang keine,..." Man darf sich also zurecht fragen, warum der ganze Zinnober, wem nützt das und was ist das Ziel?

Mal ganz privat gefragt, wie lauten denn die Bezeichnungen für die 4.000 Geschlechter, an welcher Kleidung kann man sie erkennen und welche Besonderheiten muss man beachten, um sie nicht zu diskriminieren?

*1 Quelle:
https://www.tagesschau.de/inland/intersexualitaet100.html
*2 Quelle:
https://www.bundesverfassungsgericht.de/SharedDocs/Entscheidungen/DE/2

Kapitel 16
Kindergedicht aus Coronazeiten

<u>An die, die von Schutz und Humanität reden:</u>

Lasst mich atmen

Lustig fliegt das Haar im Wind,
welch aufgewecktes, frohes Kind,
acht Jahre alt und sehr gescheit...
Es war einmal...vor langer Zeit...

Wissbegierig, stets am Lachen,
es konnte auch mal Blödsinn machen,
mit Freunden toben, rennen, springen,
gemeinsam lauthals Lieder singen.

An frischer Luft die Freiheit spüren,
off'ne Arme, off'ne Türen,
vor allem auch ein off'ner Geist,
den es heut zu zähmen heißt...

Denn was die Kindheit ausgemacht,
wurde nun zur Ruh' gebracht....
Die Welt da draußen ist ein Graus
und alle seh'n so gruslig aus.

Gefahr, sie lauert überall,
den Schwachen bringt sie schnell zu Fal..
Drum lernt man nun in Kindertagen,
Verantwortung bewusst zu tragen.

An sich ist das ein gutes Ziel,
doch für Kleine viel zu viel...
Überfordert, voller Sorgen,
große Angst vor'm nächsten Morgen.

So wurde aus dem Wirbelwind,
ein depressives, stilles Kind...
Und wenn es in der Schule spricht,
mit der Maske vor'm Gesicht...

kann man in den Augen seh'n,
wie sich die Gedanken dreh'n...
Furcht und Sorgen, Not und Leid,
die Kindheit trägt ein graues Kleid.

Auch wenn's die kleinen Seel'n erschlug, es ist noch
immer nicht genug...
Willkommen in der nächsten Phase,

mit einem Stäbchen in der Nase!

Gesundheit darf man nicht vertrau'n,
nein, wir sollten lieber schau'n,
ob nicht vielleicht und irgendwann,
man etwas Schlimmes finden kann.

Hat wirklich keiner dran gedacht,
was das mit den Kindern macht???
Es wird sich in der Zukunft zeigen,
worüber alle lieber schweigen!

Acht Jahre alt, so sitz ich hier,
schreib meine Träume auf Papier...
Lasst mich atmen, lasst mich sprechen...
Das ist mein Recht und kein Verbrechen!

Kapitel 17
Wahrscheinlichkeiten: Klimahype und Coronahysterie

„Alles Verarsche?"

Oder anders formuliert:

Subjektiv gesehen, ist die objektive Wahrnehmung der Infektionsrealität aus wissenschaftlicher Sicht noch recht unwahrscheinlich.

(Eigentlich kann diese Themen niemand mehr hören, oder lesen, oder?)

Der subjektive Ansatz der Wahrscheinlichkeit ist der unschärfste und unwissenschaftlichste. Er basiert hauptsächlich auf Meinungen, Gefühlen oder Hoffnungen. Natürlich kommt dieser Ansatz für ernsthafte wissenschaftliche Untersuchungen nicht in Frage. Jedoch spielt er in der heutigen Coronadiskussion die Hauptrolle. Er mündete jedoch nicht in Hoffnung sondern in Befürchtung, letztlich sogar in (Ur) Ängsten.

Mit Sätzen wie: „Wir wissen noch zu wenig über den Virus.", kann man alle theoretisch möglichen Wahrscheinlichkeiten produzieren. Fügt man solchen Sätzen noch Aussagen hinzu wie: „Es steht zu befürchten, dass es zu Langzeitschäden und vielen Todesopfern kommt." Oder „Wenn wir nicht reagieren und dies und jenes tun, dann ist mit einer zweiten

Welle zu rechnen und diese wird viel verheerender sein, als die erste.", wird in den Köpfen der Zuhörer aus einer Wahrscheinlichkeit eine von Angst und Todesdrohung geprägte Wirklichkeit. Genau das lag dem Ablasshandel im Mittelalter zugrunde. Zuerst fürchtet man sich vor der ersten Welle und dann vor der zweiten. Selbst wenn es keine erste Welle gab, so hat doch jeder das Recht, sich vor der zweiten, dritten und vierten Welle zu ängstigen. Daraus kann man dann die Pflicht zum Schutz vor denselben ableiten und sich in den Schutz desjenigen begeben, von dem man die ursprünglichen Aussagen erhalten hat. Und der stellt sich jetzt als Retter zur Verfügung, wenngleich er nur retten kann, wenn der zu Rettende seine eigenen Rechte aufgibt, zum Beispiel das Recht, sich nicht zu fürchten, nicht aufzubegehren und sich auch nicht retten zu lassen. Der subjektive Ansatz der (unsichersten) Wahrscheinlichkeit ist dann ohne jede Faktenbasis durch reines Gefühlsverstehen zur an Sicherheit grenzenden Wahrscheinlichkeit mutiert. Der „Helfer" kann dem schutzlos ausgelieferten „Schutzbefohlenen" - unter dem Deckmäntelchen der Hoffnung und der Zuversicht - jetzt alle möglichen und meist unmöglichen Aussagen verkaufen, die dieser ansonsten vehement abgelehnt hätte. Gesetze werden auf den Weg gebracht, Weichen gestellt, Vorschriften erlassen und rücksichtsloser Rechtsabbau betrieben. Parallel kommt die Selbstbeweihräucherung als Totschlagargument: „Mit unseren Schutzmaßnahmen haben wir Millionen von Toten verhindert." Eine

Diskussion erfolgt nur noch unter den so massenhaft gewonnenen Fans, welche sich im Grunde einig sind.

„Gott sei Dank!", möchte da der geängstigte Bürger ausrufen, „Zu Pestzeiten wurden die Toten auf die Straße gelegt. Ave, dem Helfer, der uns das Leben gerettet hat."

Man ist diesem Toben der absurden Wahrscheinlichkeit jedoch nicht hilflos ausgeliefert.

Geht man den Weg des objektiven Ansatzes und beschränkt sich auf das, was tatsächlich verbrieft, bewiesen und bestenfalls bereits statistisch erfasst ist, dann kommt man mithilfe wissenschaftlicher Aussagen auf ganz andere Wahrscheinlichkeiten. Dann stellt man fest, dass die Wahrscheinlichkeit am Essen zu ersticken, 10fach oder bei einem Haushaltsunfall sich zu verletzen 13fach höher ist, als sich zu infizieren. Dennoch sitzen wir mit viel Freude an den kulinarischen Kostbarkeiten des Alltages oder halten unseren Haushalt in Schuss. Im Jahre 2014 kam es durch herabfallende Gegenstände zu 26.000 Verletzungen. Doch niemand trägt deswegen einen Helm.

Im täglichen Leben gibt es viele Risiken, die man für einen Vergleich nutzen könnte, wenn man Angst verbreiten möchte. Doch sind uns diese vertraut und wir haben gelernt, den eigentlich irrationalen Ängsten nicht allzu viel Spielraum einzuräumen. Ich führe Ihnen das mal anhand von ein paar Beispielen für diese hypnotisch einleuchtende Logik der

Wahrscheinlichkeit vor Augen, mit der man uns verrückt macht:

Nehmen wir den Blitzschlag her. Viele Menschen fürchten sich davor, bei Gewitter nach draußen zu gehen, denn vom Blitzschlag getroffen zu werden endet meist tödlich. Selbst in den Häusern und mit einem Blitzschutz auf dem Dach, empfinden viele Menschen Angst, wenn sie Donner hören. Sie halten daher Schutzregeln ein, um am Leben zu bleiben. Hand aufs Herz, Wer geht bei zuckenden Blitzen aufs Feld?

Doch wie rational ist diese Angst?

In Deutschland sterben etwa vier Menschen pro Jahr durch Blitzschlag. Bei einer Einwohnerzahl von rund 80 Millionen entspricht das einer Wahrscheinlichkeit von eins zu 20 Millionen.

Wer jede Woche Lotto spielt, wird mit einer Wahrscheinlichkeit von eins zu 270 Tausend in einem Jahr sechs Richtige tippen.

Die Wahrscheinlichkeit, im Laufe eines Jahres vom Blitz getroffen zu werden, ist also 75mal geringer als die Wahrscheinlichkeit, einmal im Jahr 6 Richtige im Lotto zu haben.

Und jetzt wieder Hand aufs Herz: Wer rechnet schon ernsthaft mit einem Sechser im Lotto? Ist doch viel zu unwahrscheinlich, nicht wahr? Und wer rechnet ganz ernsthaft damit von einem Blitz getroffen zu werden? Jeder, wenn es über uns blitzt. Die Angst ist also völlig irrational. Und hier reden wir von Dingen, welche wir kennen!

Zahlenspiele

Laut dem Deutschen Krebsforschungszentrum sind in 2012 7600 Personen an Leukämie (Blutkrebs) gestorben. Bezogen auf die Gesamtbevölkerung liegt die Wahrscheinlichkeit also eins zu 10.500. An Covid 19 zu erkranken, haben Sie eine Chance von 1:5224, daran zu sterben ist jedoch nur halb so hoch, wie an Leukämie. Mit Zahlenspielen sollte man aber immer vorsichtig sein. Hier ein Auszug aus einem Artikel es Buisnessinsider:

„...Nun, es ist ein scheinbares Paradox, wenn man mit Wahrscheinlichkeiten von mehreren Ereignissen in längeren Zeitspannen umgeht. Es ist wahrscheinlich, dass etwas Unwahrscheinliches passiert. Beispiel: Die Wahrscheinlichkeit, dass es an einem bestimmten Tag hagelt, liegt sagen wir bei 0,1 Prozent. Das heißt auch, dass es innerhalb von zwölf Monaten zu 30 Prozent mindestens einmal hagelt.

Zweiter Fall: Die Chance für einen Tornado liegt pro Tag bei angenommen 0,01 Prozent. Für ein ganzes Jahr liegt sie dann bei 3,5 Prozent. Die Chance, dass es innerhalb eines Jahres an mindestens einem Tag entweder hagelt oder es einen Tornado gibt, ist dann die Summe der beiden Wahrscheinlichkeiten: 30 Prozent plus 3,5 Prozent gleich 33,5 Prozent. Jedes Ereignis für sich ist also an einem gegebenen Tag extrem unwahrscheinlich, doch die gemeinsame Wahrscheinlichkeit für einen langen Zeitraum ist wesentlich größer.

Nach dem gleichen Prinzip kommen die Forscher auch auf die mindestens 9,5 Prozent Risiko für ein Massenaussterben in den nächsten 100 Jahren. Nun, all den Zahlenspielen zum Trotz: Das Leben ist schön, die Sonne ist am Start und wenn wir es als Menschen nicht ganz dumm anstellen, können wir das Doomsday-Szenario bestimmt vermeiden. Also so zu 90 Prozent."

Kommt Ihnen jetzt auch die Klimadebatte in den Kopf? „Wir haben nur noch 10 Jahre. Dann gibt es keine Rückkehr." Die verkündete subjektive Wahrscheinlichkeit liegt hier bei 100%.

Fassen wir zusammen:

1.)

Wenn jemand - ohne Fakten zu kennen oder zu benennen - Angst verbreitet, um dann als strahlender Helfer daher zu kommen, und wenn derselbe die Wirtschaft unnötig ruiniert und gleichzeitig ein Hilfspaket anbietet, dann ist mit an Sicherheit grenzender Wahrscheinlichkeit Misstrauen angebracht.

2.)

Mit Zahlenspielereien ist jedes Szenario darstellbar. Es reicht oft aus, einfach nur nicht richtig zu erklären, was man da präsentiert. Statistiken muss man noch nicht mal fälschen. Sie unscharf, unverständlich oder unvollständig zu lassen, reicht aus.

Klimahype und Coronahysterie lassen grüßen.

Vielleicht fragen Sie sich jetzt gerade:

1.) Wem nützt es?
2.) Wem wird Schaden zugefügt und warum?
3.) Warum gerade jetzt?
4.) Was ist letztlich das Ziel?

Egal, was Sie sich auf Ihre selbst gestellten Fragen jetzt darauf antworten, es wird sich immer jemand finden, der Ihre Suche nach Lüge oder Wahrheit als Angriff auf seine eigene frisch gewonnene und scheinbar richtige Wahrscheinlichkeit betrachtet. Er kann diese nur behalten, wenn er subjektiv bleibt. Objektivität, also Fakten und darauf basierende Schlußfolgerungen kann er nur akzeptieren, wenn sie kongruent sind, also zu seiner Wirklichkeit passen. Der „Helfer in der Not" jedoch wird nach drastischeren Mitteln zur Durchsetzung seiner verkündeten Heilsbotschaft suchen, denn er hat jetzt ungemein an Macht gewonnen und kann Widerspruch nicht dulden.

„Ave, Caesar, morituri te salutant." („Heil dir, RKI und Bundesregierung, die Todgeweihten grüßen dich!")

Aber vielleicht sind Sie ja ein abgehängter Esoteriker aus der gewaltbereiten Rentnerszene. Außerdem sind Sie vermutlich gar nicht das Volk und können somit auch nicht zur Mitte der Gesellschaft gehören. Lassen Sie das also mit den Fragen, liebe gesellschaftliche Randerscheinung. Wahrscheinlich leben Sie so friedlicher. Doch Scherz beiseite:

Sie können alternativ auch den Mund aufmachen und laut sagen: „Ich habe mir die Zahlen und Fakten angeschaut. Die Nacktheit des Kaisers ist unübersehbar."

Quellen:

https://www.vde.com/de/blitzschutz/arbeitsgebiete/faq/wahrscheinlichkeit-tod

https://www.businessinsider.de/wissenschaft/neue-studie-zeigt-es-ist-wahrscheinlicher-beim-armageddon-zu-sterben-als-bei-einem-autounfall-2016-5/

Kapitel 18
So führt man Apartheid ein

Ist es Ihnen auch aufgefallen? Seit Corona von den Kanzeln gepredigt wird, tauchen überall "Mediziner vom Fach" auf, die vermeinen, ihre "sachkundige" Meinung zu wissen und kund zu tun: Schauspieler, Sportler, Journailisten und Lobbyverbände. Das ist natürlich nur ein Treppenwitz. Mediziner kommen so gut wie gar nicht zu Wort, mit widersprüchlichen Meinungen schon gar nicht. Während die Lobbyverbände in der Notsituation Gewinne erzielen wollen und deswegen für Panikmache sind, sind die anderen virulenten Prediger finanziell meist vom Staat abhängig und predigen frei nach dem Motto: 'Hauptsache man hört von mir'. Das ist dann eben Werbung in eigener Sache. Prinzipiell zeigt man damit, dass man auf der Seite der Gewinner ist. Es ist das Prinzip des Mitläufers. Keine Diktatur könnte ohne Mitläufer entstehen oder sich auch nur einen Tag ohne sie halten.

Im Laufe der Jahrhunderte ändern sich weder die Grundstruktur noch das Prinzip, sondern nur der Anstrich. Wie sieht es rund um Corona nun wirklich aus? Eine Frage, die alle interessiert. Doch je weiter entfernt jemand vom fachlich/sachlichen Inhalt ist, desto lauterbacher ist seine Stimme. Je unmoralischer das Ansinnen, desto höher ist die Forderung, der Andere möge es als hochmoralisch wahrnehmen.

Dieses übelkeitserregende Spiel treiben die Marktschreier über das Radio, die Presse oder, die

mieseste Erfindung nach der Atombombe, den wohnzimmerlichen Umerziehungsbildschirm.
Besonders fies sind Umfragen. Die bewusst gesteuerten Ergebnisse nehmen entweder durch die Fragestellung das gewünschte Ergebnis vorweg und veranlassen die Herde somit sich anzuschließen oder sie zeigen das (genauso bewusst gesteuerte) Gegenteil mit der Botschaft "Wenn ihr da nicht gegensteuert, dann werden euch üble Dinge geschehen."
Eine neutrale Umfrage wäre zum Beispiel:
1.)
Halten sie die Corona Impfung für eine ausreichend getestete herkömmliche Impfung?
2.)
Sind Ihnen Langzeitstudien bekannt in denen die genmanipulierte Impfung mit ausreichend Probanten in Blindstudien getestet wurde?
3.)
Ist für Sie nach erfolgter Massenimpfung, Lockdowns und Maskenpflicht, sowie millionenfachen Infektionen und Genesungen ein Unterschied zu vorher erkennbar?
4.)
Halten Sie die derzeitigen Maßnahmen der Regierung für erfolgreich effektiv, wirksam und notwendig?
5.)
Würden Sie sich eher für genmanipuliertes Essen oder natürliches Essen entscheiden?
6.)
Würden Sie sich eher für herkömmliche Impfung oder für zellmanipulierende Spritzung entscheiden?
7.)

Sind Sie eher für die Einführung einer Pflicht zur zellmanipulierenden wirkungsarmen Injektion oder für die Pflicht zur herkömmlichen Impfung (sobald diese zugelassen ist) vorausgesetzt, deren Wirkung ist nachgewiesen?

8.)

Halten Sie die Verzögerung der Zulassung herkömmlichen, in Deutschland entwickelten Impfstoffes, für verantwortungslos oder für richtig?

Natürlich sind diese Fragen manipulativ. Sie sollen den Befragten ja auch zum Nachdenken anregen, bevor das Häkchen gesetzt wird.

Hier dürfte klar sein, dass die kritischen Stimmen höher ausfallen, als bei folgender Frage:

"Sind sie ein Impfgegner?" Hier werden Äpfel mit Birnen verglichen, weil eben MRNA-Injektionen keine Totstoffimpfungen sind. Eine solche Frage ist schon blanker Betrug.

Hat man ausreichend manipuliert, kann man das Ergebnis der Öffentlichkeit präsentieren und allen verkünden, man mache jetzt politisch genau das, was ja die Mehrheit wolle.

Genau das ist Framing.

Wenn man jetzt noch einen drauflegt, um den vermeintlichen Gegner platt zu machen, bevor er existiert, dann fragt man in Doppelform. Damit meine ich, dass man nach zwei Dingen gleichzeitig fragt. Einen Frageteil gestaltet man so, dass man nicht nein sagen kann und den anderen, den unsicheren Teil, als den, den man mit nein beantworten würde, hängt man hintenan.

Dann klingt eine Frage so:

"Sind Sie für den lebensrettenden Schutz unserer alten Menschen, indem Sie sich impfen lassen würden und sind sie dafür dass Menschen, die dies nicht tun und alle in Gefahr bringen, indem sie sich nicht impfen lassen, bei medizinischen Maßnahmen hinten anstehen müssen?"

Den vorderen Teil würden alle mit Ja beantworten. Den hinteren Teil würde eventuell eine Mehrheit so nicht unterschreiben, hätten aber auf emotionale Weise im Kopf, dass da ja irgendwie auch etwas dran sei.

Und dann setzt man die Ausgrenzung um und viele Menschen helfen mit. Das nennt man dann Nudging, Verhaltensbeeinflussung.

Satire

Anfrage an Sender Jerewan: Was haben eine Banane und das Infektionsschutzgesetz gemeinsam? Antwort: Im Prinzip nichts. Sie sind aber beide krumme Dinger.

Kapitel 19
Rezept für Zeitungsente mit Informationssalat

- Kind starb im Kugelhagel - Mutter hatte neue
  Murmeln gekauft
- Asteroiden in Ballgröße entdeckt - wird er Saturn
  zerschmettern?
- Forscher beobachteten erstmals Amöben beim Sex
- Längster Zopf der Welt nur fünf Zentimeter länger als
  längster Bart.
- Mann wurde 140, kann sich aber nicht mehr an sein
  Geburtsjahr erinnern.
- vertuscht die Queen eineWarze auf der Nase - wird
  sie den nächsten Sommer noch erleben?

Niemand hat je erforscht, ob Nachbarschaftstratsch am Gartenzaun mehr Wahrheitsgehalt besitzt, als die Artikel der BlaBlaBla Morgen-, Tages-, oder Abendzeitungen. Die Anfangsbuchstaben des Zukünftigen aus Apfelschalen zu lesen, kann ebenfalls mehr Sinn machen als eine Diätberatung. Karten legen hat noch nie jemandem ernsthaft geschadet, hyperventilierende Nachrichten aber schon. Ernährungstipps beispielsweise werden zur besten Sendezeit mal so und mal so und Jahre später genau gegenteilig und vielleicht sogar im selben Medium der dankbaren Zuhörerschaft gegeben:

1970 "Esst mehr Eier."
1990 "Eier sind wegen Cholesterin ungesund."

1980 "In Milch sind viele wertvolle Mineralien und

Kalzium ist gut für die Zähne."
2010 liest man dann: "Für Gegner der weißen Flüssigkeit ist klar: Milch sorgt für Bauch- und Darmbeschwerden, führt zu einem früheren Tod, sie verursacht Allergie, Husten, Erkälttungen, Akne, Übergewicht, Mittelohrentzündungen, Diabetes, sogar Knochenbrüche – und Krebs. Alles durch Studien belegt."

Und weiter geht es:
"Der Nordpol schmilzt ab. Die Klimaerwärmung wird den Planeten verbrennen und die Überlebenden werden alle ertrinken."
"Der Südpol hat so viel Eiszuwachs wie noch nie. Uns steht eine Eiszeit bevor."

Ohne diesen überflüssigen Informationssalat wüssten wir also gar nicht, was wir machen sollen. Es ist das Hü und Hott, das Alpha und das Omega, das selig Beglückende der Lebensretter. Es sind die Kühe aus den Propagandaschmieden der modernen Marktschreier, die durch alle Dörfer getrieben werden.

Die Unversehrtheit der eigenen Wohnung ist somit schon lange passè, da die Marktschreier täglich und nur allzu oft 24 Stunden am Tage ihren Müll verbreiten und das direkt im Wohn- oder Schlafzimmer.

Einen hätte ich aber noch:
1997 Norbert Blüm "Die Rente ist sicher." rentenbescheid24.de 2021: "düstere Prognose, bis zu 25% Armutsrentner erwartet, erschreckend an den

Zahlen ist vor allem, dass es die Frauen sind, die mit 73,8 % nur 900€ monatliche Rente bekommen."

Also ich vor vielen Jahren den Mist ausschaltete verbannte ich die Marktschreier aus meinem Leben. Bereits nach wenigen Tagen spürte ich, wie sich meine Seele vom medialen Gift erholte.

Kapitel 20
*Deutsche Sprach¡, schwere Sprach',
Gendersprach - eine epidemische Tragödie
nationaler Sprachweite*

(Deutschlehrerin beim Austeilen der Arbeiten: "Hier steht kein Name. Wem ist die?")

Kennen Sie die fünf Fälle im Deutschen? Nein, nur 4, den Nominativ, Genitiv, Dativ, Akkusativ?
Es gibt nach neuesten Erkenntnissen jedoch noch den Neuralinaktiv. Doch wenn der im Einsatz ist, dann spielen die anderen Fälle für die davon Betroffenen auch keine Rolle mehr.

Das der Dativ dem Genitiv sein Feind ist, hat sich weitestgehend herumgesprochen. Es soll sogar noch Schulen geben, in denen dieses konservative Wissen heimlich weitergegeben wird.

Das mit dem Akkusativ ist nominell allerdings nicht mehr so bekannt. Seit die Grünen in der Politik mitmischen, halten viele den Akkusativ für Batterien, weil da Akku drinsteckt. Sie wissen schon, also für Akkus mit kleinen Kobolden drin, gewonnen durch Kinderarbeit in Chile; mit Wasser, das den Einheimischen nun fehlt und die Natur zerstört, also nach grüner Logik den Planeten rettet.

(Inschrift an einem Asia-Imbiss: "Cafè to go - jetzt auch zum Mitnehmen.")

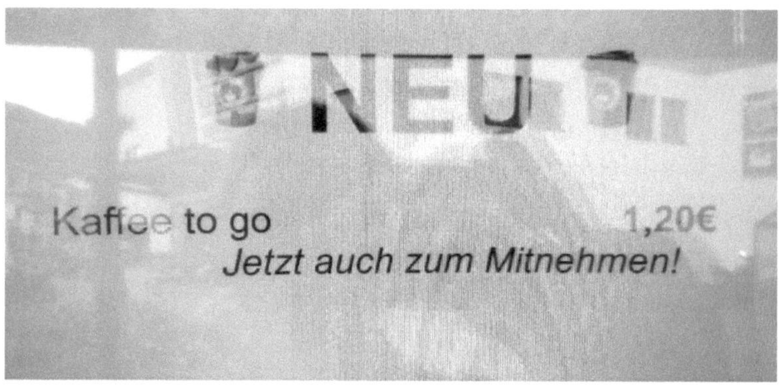

Dabei ist das mit dem Akkusativ ganz einfach. In Wikipedia wird in einfacher Sprache erläutert, dass das nur eine Denktradition sei. Na ja, Traditionen kann man bekanntlich abschaffen.
Hier diese einfache Erklärung, erstellt für jeden Dorftrottel oder zeitgemäß korrekt Dorftrottel*In:
"Als Obliquus wird in der griechischen Grammatiktradition der Stoa jeder Kasus bezeichnet, der üblicherweise nicht in der Subjekt-Position eines Satzes auftritt. Oblique Kasus sind gemäß dieser

Denktradition im Deutschen demnach der Genitiv, Dativ und Akkusativ. Das komplementäre Gegenstück des Obliquus ist der Rektus." Wunderbar, selbst für Erstklässler verständig.

(Dauerdiskussion: "Aufwasch oder Abwasch? Krane oder Kräne? Täter oder Täternde?")

Bei mir ist nur das Wort rektus im Kopf geblieben. Und jetzt mache ich mir Sorgen um mein Gehirn. Rektus! Mmmmh, hat das was mit hinten zu tun? Ich möchte keinen Obliquus in meinem Rektus, ist bestimmt eine sexuelle Sauerei. Ode meinen sie "Gehirn im A."? Egal, manchmal ist es wirklich besser rückwärts zu sprechen. Da bekommt die Umwelt den verbal verzapften Mist nicht mit.

(Tausendmal von Mitarbeitern gehört und innerlich daran verzweifelt: " Chef, ich habe die Unterlagen abgehoften.")

Aber mal abgesehen von den kleinen und eher philosophischen Lapsen im Gebrauch der Zeitformen und der gewaltsamen Wortschöpfungen, ist es existentiell wichtig, sich gut ausdrücken zu können. Man sollte ganze Sätze bilden und Inhalte transportieren können.

(Möchten Sie nicht auch den Kopf gegen die Wand zu schlagen und laut schreien, wenn sie hören: "Mama kann ich ein Eis?")

Auch sollte man mal querlesen, ob alles noch einen Sinn ergibt. Bekommt man das nicht hin, kann es in einem worst-case also einem Wort-Käse-Szenario enden. So geschehen, als ein übereifriger Kaufmann auf einer Großbaustelle mit chinesischem Bauherrn und engl. Architekten, Geld für fachlich bewanderte Dolmetscher einsparen wollte. In Folge war in den Bauprotokollen ein unglaublicher Wortsalat zu lesen. Da stand jede Woche:
"Bei den Werkzeugkastengesprächen waren fast alle anwesend." Wahrscheinlich trafen sich dort die mitgebrachten Werkzeuge zum Dialog.

(Persönliche Anmerkung: Wenn man sein Ohr ans Holz legt, kann man manchmal leises Geflüster in der Werkzeugkiste hören oder man ist eben nur dämlich. Dann sollte man sein Ohr lieber auf eine heiße Herdplatte legen, weil man dann seine Dummheit riechen kann. Quod erot demonstrantum: was zu Beweisen war.)

Übersetzt hatten die Dolmetscher das Wort "Tool-box-talks": flapsig steht das für Werkstattgespräch, eigentlich Sicherheitsunterweisung, in diesem Fall in der Bedeutung von Jour-fix was eigentlich fester Termin heißt, also in diesem Fall "Baubesprechung". Alles klar? Weiß doch jeder.
Als es nun eines Nachts heftig regnete und sich alle Bauleute erfrischend cholerisch gegenseitig beschuldigten, sie hätten Unterspülungen, also Regen in freier Natur, vorhersehen und etwas vorbeugend unternehmen müssen, klärte der Dolmetscher über die Entstehung dieser unerhörten Situation wie folgt auf:

"Das Wasser floss nun den Berg hinab, zunächst nach links und dann im Bogen nach rechts. Dort stieß es auf weiteres abschüssiges Nichts und floss teilweise um die Container Meisters herum." Ah ja! Wer hätte das gedacht. Wasser fließt bergab und um Hindernisse drum rum. Das änderte natürlich alles. Der Bauherr, der diesen Brief erhielt, fand das jedoch nicht witzig und fühlte sich verklappst. Stellen Sie sich vor, sie bauen als Deutscher einen Staudamm in China (Weil die sowas noch nie gemacht haben und auch nicht können!) und dann erhalten Sie solche Briefe. Der verantwortliche Niederlassungsleiter bekam vom Bauherrn sofortiges Zutrittsverbot zur Baustelle, als das nächste Schreiben beim Bauherrn eintrudelte.
Es sollte ein Erklärungsschreiben sein, weil bei einer Betonage etwas schief ging. Darin stand jedoch: "Obwohl wir 5 Tage warteten, konnten wir die drei Tage Verzug nicht aufholen." Etwas später las er dann: "Das Treppenhaus Nr. 7 wurde dennoch fertiggestellt. Jedoch wurde viel mehr Beton verbraucht, da man den darunter liegenden Kanal vollständig ausbetonierte. Das wurde ausgiebig vorher im Werkzeugkastengespräch besprochen."
Na, da wird doch dem Dümmsten klar, was für ein übles Spiel das wildgewordene Werkzeug spielt. Der Kanal war eigentlich eine große Ringleitung, welche die zukünftige Großfabrik komplett entwässern sollte, die nun unter Wasser stand, weil das Wasser bergab- also Sie wissen schon. Sowas passiert nur, wenn das Werkzeug aus der Kiste die Macht an sich reißt. Der ferne Bauherr rastete jedenfalls völlig aus und schickte einen befugten Stellvertreter, der alle in den Schwitzkasten nehmen sollte. Solange dessen

Dolmetscher dazwischen saßen, machte miteinander-Reden erst recht keinen Sinn.

Selbst wenn Dativ, Genitiv und Akkusativ und alle anderen Deutschregeln sich freundlich gesonnen wären, der Mensch findet immer einen Weg, sich miss zu verstehen. Das Universum und die Unzulänglichkeiten der Menschen haben eines gemeinsam, sie sind grenzenlos dumm.

Wenn die jetzt noch gegendert hätten...

(Coronaschild an einer mathematisch gut aufgestellten Bäckerei in Stuttgart: "Bitte nur eine Person gleichzeitig eintreten.")

Bei einer Mordermittlung betraten Kriminalbeamte erstmals ein Tatgrundstück und dokumentierten diese Erstbegehung:

"Am Sonnenschirm befindet sich ein Stück Holz mit mehreren Metallpfosten. Vermutlich ein Tisch." Was für ein Scharfsinn. Das kann man sich im nüchternen Zustand doch gar nicht allein ausdenken.

Besonderes Augenmerk legte der Beamte jedoch auf den Gartenweg: "Wenn man auf dem Weg steht, der dann weiterführt, kann man nach rechts in die Hütte gehen." Nach einer Beschreibung des Inhaltes der Gartenlaube fährt er fort: "Wenn man aus der Hütte kommt, ist man wieder auf dem Weg." Klasse Beobachtung. Und dass, obwohl der Weg weiter führt, also gar nicht mehr da ist und demzufolge weiter vorn sein müsste. Dafür gibt es eine fette Eins mit Sternchen, für das fehlende Gendern jedoch eine 6; also für den Mann oder korrekt das Ermittler* In.

Wie schwer die deutsche Sprache ist, stellte ein Firmenchef fest, als er Aufgaben für die kommende Woche verteilte.

Als alle Aufgaben verteilt waren, fiel ihm ein, dass er etwas vergessen hatte. Er schaute einen seiner Mitarbeiter an und fragte ihn, ob er es abarbeiten könne. Dieser nickte und meinte, dass es für ihn kein Problem darstelle. Eine Woche später stellte der Chef fest, dass nichts passiert war. Er reagierte völlig überrascht und verärgert. Dabei kennen wir alle den guten deutschen "running gag", wo jemand fragt: "Können sie mir sagen, wie spät es ist?" Und der andere sagt: "Ja." und geht.
Oder man bittet das Kind: "Kannst du den Müll runterbringen?" Klar kann es das, wenn es wollte. Der Mitarbeiter reagierte auf die Aufgeregtheit seines Chefs ganz stumpf und meinte, er sei ja nur gefragt worden, ob er es könne. Dem Chef fiel die Kinnlade herunter. Danach stöhnten alle, weil es Anordnungen nur noch im Befehlston gab, ungegendert; also in klarer Sprache.

Doch nicht immer sind unklare Ansagen negativ.
Man stelle sich die napoleonischen Kriege vor. Napoleon auf dem Feldherrenhügel: "Soldat*Innen, Franzos*Innen, Stolz unserer Nation! Könnt ihr den Hügel da drüben einnehmen?" Im Chor schallt es zurück: "Jawoll, können wir große Feldherr.*In." Dann drehen sich alle herum und suchen die nächste Kneipe auf, aus der es ihnen entgegenschallt "O gzapft is. Kummts nur reinspaziert. Dös Bier is frisch." Bier und

Mißverständnisse können eben Leben retten. Vermutlich wäre Napoleon der/die/das Feldherr*In dann nicht auf Elba vergiftet worden. Heute sind wir aber soweit, nur das die Kneipe auch noch geschlossen hat.

*(In einer Gaststätte tritt der/die/das Kellner*In mit Speisen auf dem Arm an den Tisch und schaut unsicher fragend in die Runde. Die Gäste reagieren: "Ich bin die Bratwurst." "Ich bin das Schnitzel.")*

Aber manchmal rettet misslungene Kommunikation Leben und manchmal auch nicht.
Beim medizinischen Notfalleinsatz würde es beispielsweise anders ausschauen. "Einsatzwagen!" " Wir hören." "Ein Unfall. Könnten Sie schnell hinfahren? Ein Motorradfahrender muss lebend geborgen werden. Wir brauchen seine Organe." Klar! Könnten sie, tun sie aber nicht. Der Typ fuhr gar nicht mehr Motorrad, war also gar kein Motorradfahrender mehr weil um einen Baum gewickelt.
Am Ende wären dann viele Menschen tot, der tote Biker mit seinen lebenden Organen sowieso und die 'Lebenden Toten' ohne Organe auch. Beim Rettungsdienst wäre an diesem Abend niemand gerettet worden. Maximal hätte man die Zeit totgeschlagen und ein paar Bratwürste wären verblichen. So bunt kann die Welt sein und ich bin dankbar, dass bei Notfalleinsätzen klarere Regeln als im Genderismus gelten.

Wir sehen also, deutsche Sprach' gleich schwere Sprach'. Ach! Da hätte ich noch eine Frage: Weiß

jemand in diesem Zusammenhang, wie viel Kilogramm die schwere Sprache wiegt, 20 Sätze beispielsweise? Bei der Bundesregierung achtet man (aus Arbeitsschutzgründen?) auf leichte Sprache. Finde ich gut, dass hilft Rückenprobleme in den Büros vermeiden und entlastet die Umzubettenden.
Gott schütze also die deutsche Sprache vor denjenigen, die denken, sie sprechen im Klartext deutsch.

PS.: In Akkus sind wirklich keine Kobolde drin. Macht auch keinen Sinn, welche reinzustecken. Die kämen nicht von Kammer zu Kammer. Nehmt lieber Wichte oder Einhörner, die können sich wie James T. Kirk von der Enterprise, hin und her beamen.

Kapitel 21
Denglisch – auf die Schippe genommen

Die deutsche Sprache ist eine der am meisten philosophisch geistig pointierten, religiös und spirituell geformten, geschichtlich tiefgreifend verankerten Form der verbalen Verständigung. Daher ermöglichte sie es dem deutschen Volk das Land der Dichter und Denker zu werden. In Japan lernen und singen die Schüler bis heute Goethes "Freude schöner Götterfunken".

Feine Nuancen oder Botschaften kann man in unserer Sprache leider nicht oder nur selten mit massenhaft eingesetzten ausländischen Sprachverdrehungen ersetzen. Nach dem Krieg zogen im zweigeteilten Deutschland die Sprachen der Sieger ein. Im Osten war es Russisch, im Westen Englisch.

Englisch hatte den Vorteil beim Erlernen eine größere Anfangsleichtigkeit zu besitzen. Die englischen Siegermächte wurden auch eher als Befreier wahrgenommen. Englisch ist oft rationaler, nicht so vielschichtig verschwurbelt, kann komplizierte Nuancen auf den Punkt zu bringen oder vereinfachen. Eine facettenärmere und häufig falsche Übernahme primitiviert jedoch die Sprache und nachfolgend das Denken. Der Otto-Normalbürger verwendet im Schnitt nur 500 Worte, der Intellektuelle jedoch bis 15.000. Besonders im Niedrigsprachgebrauch richten deshalb halb- oder nichtverstandene Worte mehr Schaden an, als zu bereichern. Ein fremdsprachiger Sprachersatz hat also durchaus an bestimmten Punkten eine bereichernde Berechtigung, aber auch seine Grenzen. Beispielsweise ist das Wort "Aufgabenorientierung" ein Euphorismus für ein fehlendes Gesamtbild. Das kann man nicht mit Anglizismen ersetzen, ohne sich selbst sprachlich zu schädigen oder zu plebiszitieren. Anglizismen haben in der deutschen Sprache genau deswegen ihren zulässigen Umfang und Spielraum bereits weit überschritten. sie gefährden, statt zu ergänzen. Wenn dann noch Umdeutungen von Inhalten deutscher Worte und ideologisch bedingte Sprech- und somit Denkverbote hinzukommen, können wir uns auch gleich eine neue Sprache suchen.

In der Serie Bones wird über viele Staffeln und Folgen hinweg für externe Berater das Wort Blinzler verwendet. Das ist unglaublicher Müll, denn das eigentliche Wort sqints bedeutet richtig übersetzt schielen und wird im Sinne von "von der Seite drauf schauen" verwendet.

Ich mache mir jedenfalls einen Spaß daraus, Anglizismen wieder ins Deutsche zurück zu verspaßen. Der Nachteil, später wird man sich in meiner Familie vermutlich nur an mich und meine "Blödheiten" erinnern, wie meine Frau sie nennt.

Beispiel gefällig? An einem öffentlichen Klo hängt das Schild "closed". Also nicht im britischen Empire sondern mitten im sächsischen Dialektraum. Kein Engländer oder Amerikaner ist weit und breit zu sehen. Niemand spricht englisch. Dennoch hängt da draußen ein Fremdwort dran. Jemand der kein Englisch kann, liest ein "c", ein "l", ein "o", ein "s", ein "e" und ein "d" - Klosett eben. Für ihn steht oben WC und unten Klosett, doppelt gemoppelt. Er sucht das nächste WC und wird fündig. Ein mit Büchern geschmücktes Schaufenster teilt mit, dass es auch (ein) "Closed" ist. Die Tür ist aber zu. Mist! Jetzt ist schon das nächste Klo geschlossen, anscheinend ein Closed-Hotspot sozusagen. (Ein Hotspot ist übrigens ein "Internet-Zugangspunkt". Alles andere ist Denglisch.) Was nützen (mit Küchengeräten, Büchern, Kleidung oder Kosmetiktipps geschmückte) Toiletten, wenn sie allesamt zu sind? Noch abstruser wird es, wenn der Fremdsprachenunkundige erkennt, dass es ein Closed gibt, bei dem man sich während der Verrichtung des Geschäftes sogar ein Tattoo stechen lassen kann. Eine echt besch. Situation.

Also, wenn Sie das nächste Mal an einem Schaufenster "closed" lesen, wissen Sie, dass das ein geschlossenes öffentliches WC beschreibt und Sie nur zur falschen Zeit dort stehen. Wenn es geöffnet ist, gehen Sie einfach mit viel Takt gegenüber dem Toilettenwart wortlos am Tresen nach hinten.

Nehmen wir ein anderes Beispiel.

Ein handfester Ehestreit beim Abendbrot kann schnell in einem worst-case-scenario enden. Das Wurst-Käse-Szenario ist die Katastrophe schlechthin. Die Eheleute streiten und crunchen beim brunchen. Es kracht im Getriebe, bis sie sich schließlich gegenseitig mit den Resten der durcheinandergebrachten Mahlzeiten bewerfen.

Nun möchte ich ja kein Sprachpurist sein, manche Begriffe sind echt kreativ und andere schließen Lücken. Ein "Bodybag" ist aber weder noch. Während "Rucksack" ein Wort ist, welches man auf der Halbinsel Kamtschatka genauso versteht, wie auf dem amerikanischen Kontinent, packen sich hippe Dengländer auf dem Weg zum "Public Viewing" ihr

Picknick in einen Leichensack. "Bodybag" heißt eben Leichensack und "Public Viewing" bedeutet Leichenschau. Mit dem gefüllten Leichensack zur Leichenschau. Wem bei diesem morbiden Sprachunsinn übel wird, der kann nur hoffen, dass eines der schmucken "Closed" in der Einkaufspassage open ist. Also unten, nicht open.

Danach können Sie sich beruhigt einen "Cafè to go", also jetzt auch zum Mitnehmen und Weglaufen, Holen. Der "cafè to sit" oder to wait eventuell to stay, also Kaffee zum Hinsetzen, der Steh- oder Wartekaffee müssen erst noch erfunden werden. Sie müssen also zwangsläufig in Bewegung bleiben. Wenn Sie im "Shuttle" auf dem Weg zum "open air" den "park and ride service" usen und dann noch zur "Rush Hour" in den "stop and go" geraten, ist es cool, wenn Sie einen "cafè to go" mit Handy und "Head Set", also "Head Inlinern" für wave oder Songs, dabeihaben, auch wenn es kein "cafè to drive" ist. Dabei ist der coole cafè to go gar nicht cool also kalt sondern hot. Im Deutschen würde man sich anders ausdrücken und dabei nuancieren: der Kaffee überbrückt die Langeweile, riecht herrlich, man genießt, hat bei der Kälte einen wärmenden Becher oder freut sich über einen Muntermacher. Gefühlszustände werden beschrieben, das Erlebnis wird nuanciert geteilt. Jetzt heißt es nur noch anonym "cool" und jeder versteht etwas anderes darunter. Stört aber keinen mehr, weil man sich daran gewöhnt.

Wenn Ihre Familie Sie zum Geburtstag einlädt, dann laden Sie sie zur Abwechslung mal nicht zu Kuchen und Grillen ein, sondern zu einer Rallye mit abschließendem Barbecue. Ist dasselbe, klingt aber cooler. "Cooler als cool" geht nur in deutschem Denglisch und ist für Engländer purer Unsinn. Jetzt denken Sie bestimmt: 'Aber Rallye passt doch gar nicht." Doch. Das bedeutet Sternfahrt und nichts anderes ist es, wenn die Familie aus allen Himmelsrichtungen zu Ihnen kommt.

"Made in Germany" war von den Briten in der Weimarer Republik als Brandmarkung zum Boykott deutscher Waren gedacht, verkehrte sich jedoch als ein besonderes Qualitätssiegel ins Gegenteil. Bei "Englisch made in Germany" wäre das nicht passiert. Anglizismen halten viele für scheinbar "coole" Begriffe. Sie führen sie jedoch nur dazu, dass keine eigenen Begriffe mehr entstehen. Im Übermaß eingeführt, führen sie die eigene Sprache ins Abseits. Viele Menschen verstehen die Worte überhaupt nicht mehr. Sie gewöhnen sich an, einfach etwas hinein zu interpretieren. So ein Begriff ist zum Beispiel "Sale". Sale bedeutet Verkauf, Ausverkauf oder Auktion. Wir nehmen es nur noch im Sinne von Schluss- und Schnäppchenverkauf wahr. Das "Handy" bedeutet im englischen "praktisch" im Sinne von schnell zur Hand. Richtig wären die englischen Begriffe „mobile phone" oder „sell phone". Die Worte sind also oft direkt falsch, selbst da, wo man es nicht denkt. Bei "run" zum Beispiel. Der „Run" aufs Buffett. Run heißt Lauf. Niemand macht einen Lauf zum Essen, einen Run aber schon?

Das "Exit" ersetzt immer häufiger den Fluchtweg. Exit bedeutet aber Ausfahrt, also der Ausgang für ein Fahrzeug. Es steht überall, so auch am Treppenhaus, im Flur oder an einer Glastür in der 40. Etage, also mitten im Gebäude. Klar, jeder von uns fährt die Treppe mit dem Auto hoch, ist ja auch nicht so anstrengend, als sie zu Fuß zu begehen. Jetzt versteht man auch, warum die Autos immer kleiner werden.

Island hat mit seinen 357.000 Einwohnern Fremdwörter übrigens direkt verboten, nicht ohne Grund. Sie rauben im Übermaß Identität und Einmaligkeit.
Besonders schlimm wird es im Computerbereich. Obwohl der erste PC in Deutschland stand, ist nach dem Verlust des technologischen Fortschritts jetzt jeder Anwender gezwungen, mit geheimnisvollen Vokabeln sich durch den halbverstandenen Datendschungel zu manövrieren. Da brabbeln Leute von Dingen, die sie nicht im Ansatz verstehen. Die Sprachbarriere führt zur Handhabungsbarriere. Die Folge kennt jeder Unternehmer, dessen frisch eingestellter Mitarbeiter nicht halten kann, was er versprochen hat. Den Unsinn abwählen können wir aber kaum noch. Entweder verpulvern wir unsere Lebenszeit vor einem Kasten oder wir geraten zunehmend ins Aus.
Influenzer sind für meine Oma jedenfalls internetsüchtige Grippekranke. Ein "Whistleblower" ist für sie der Wind, der unter einem Mistlezweig hindurchfährt oder etwas sexuell Unanständiges. Vor kurzem kündigte sie an, wenn sie den "Hometrainer" erwischen würde, den sich meine Frau ins Haus bestellt hat, dann wird sie ihn mit ihrem Krückstock verprügeln. Warum der Personalcomputer jetzt "personalcomputer" heißt, wird sie wohl auch nie verstehen. Das "tablet" kritisierte sie, weil es zum Obst

schneiden viel zu klein, zu teuer und aus Holz sowieso besser sei. Ein Nachbar fragte sich, aus welchem Land der Name "beauty nails" käme, er hätte es auf einem Auto und in der Stadt über einem Laden gesehen. Nicht jeder ist eben ein Sprachgenie, vermutlich sind es die meisten Menschen nicht.

Auch wenn es viele nicht sagen, sie halten andere Menschen, die Anglizismen im Übermaß verwenden, oft für bedauernswerte Identitätslose, für Aufschneider und mehr oder weniger intelligente Dummköpfe und nicht für elitär. Anglizismen oder generell Fremdworte sind bestens für verbale Machtspielchen geeignet, bei denen sich Selbstverliebte wie ein Pfau aufplustern und anderen zeigen können, wie dumm sie sind oder wie unverzichtbar klug man selbst ist. Sie werfen französische oder englische Worte in die Runde ohne sich Gedanken zu machen, ob ihr Gebrabbel überhaupt noch ankommt. Sie reden vom "Meeting", "Jour fix" oder "tool box talks", vom "facility manager" (Liegenschaftsverwalter) wenn sie den Hausmeister meinen oder vom "sweepen", wenn der Sandstrahler schonend eine Wand reinigen soll. „Sweepen" bedeutet aber im amerikanischen Sport eine glatte Siegesserie hinlegen.

Verstehen Sie mich nicht falsch. Ich bin nicht völlig gegen fremde Begriffe. Viele Worte entstammen anderen Sprachen, oft aus benachbarten Ländern. Es gab eine Zeit, wo Französisch als angesagt galt. Im Osten tauchten russische Begriffe auf und lateinische Worte zu benutzen, lässt auf einen gewissen Bildungsstand schließen. Und immer wird es Menschen geben, die sie nicht verstehen. Doch führten

diese Worte noch nie zu einer massenhaften Verwässerung und sprachlichen Verdummung. Das Gegenteil war der Fall.
Anglizismen sind aber nicht nur "zufällig eingeschleppt". Sie sind auch einer der vielen Schritte/Mittel zur kulturellen Selbstauflösung. Diese wirken nahezu gleichzeitig auf uns ein, ohne dass wir sie immer bewusst wahrnehmen.
Doch das ist ein anderes Thema.

Kapitel 22
Wie wir geschützt werden

Wer an Ostern verreist, gefährdet unseren Sommerurlaub. Wer im Sommer verreist, gefährdet unseren Herbsturlaub Wer im Herbst verreist, gefährdet unseren Winterurlaub. Wer im Winter verreist, gefährdet unseren Osterurlaub.

So werden wir geschützt

Wer zuhause bleibt, schafft einen Hotspot.
Wer mit seinem "Hotspot" spazieren geht, zahlt. Wer sich von einem nicht voll erforschten Impfstoff nicht hat vergiften lassen, darf nicht einkaufen gehen.
Familie darf sich nicht besuchen.
Nachbarn und Freunde müssen draußen bleiben.
Unsere Gesundheit erfordert auch, dass wir uns ggfs. in der Wohnung gegenseitig isolieren.
Polizei, Ordnungsamt, Gesundheitsamt etc. dürfen zu jeder Zeit, überall, ohne Vorankündigung oder richterlichen Beschluss in unser Schlafzimmer und an unseren Esstisch.

Gut, dass man uns schützt

Wer ein Attest hat, ist ein Betrüger, wer als Arzt eins ausstellt, ein Verbrecher.
Wer kranke Menschen besucht, ist verantwortungslos.
Kinder werden psychisch, physisch geschädigt, weil sie Virenschleudern sind.

Wer trotz der Viren gesund ist, ist eine Gefahr Wer
dringende Behandlung braucht, muss erst die
Coronahürde überspringen oder wird gar nicht erst
behandelt.
Gestorbene lässt man ohne Würdigung verbuddeln.

So schützt man uns

Wer Vorräte anlegt, schadet der Gesellschaft.
Wer protestiert, wird zum Leugner.
Wer kritisiert, ist ein Nazi.
Wer in öffentlichen Netzwerken kritisch schreibt,
wird gesperrt.
Wer nicht mitmacht, kommt ins Lager.
Wer seine Grundrechte einfordert, wird erst erfasst,
dann weggespült oder mitgenommen.
Der Denunziant hat Hochkonjunktur.

Wir alle brauchen Schutz

Wer noch einen Job hat, ist privilegiert.
Wer noch einen Job hat und arbeiten darf, ist
privilegiert.
Wer ein Unternehmen noch mit Gewinn führt, ist
privilegiert.
Wer noch für die Zukunft plant, ist ein gutgläubiger
Optimist und Dummkopf.
Vorhandene Unternehmen werden weniger.
Existenzgründungen werden weniger.
Geeignete Mitarbeiter werden weniger.

Uns zu schützen, hat oberste Priorität

Und unsere Kinder?
Sie werden auch immer weniger.
96.000 werden jährlich abgetrieben.
94.000 weniger Geburten durch Pandemieschutz.
Die jungen Menschen fehlen. Es gibt kaum noch
Kontaktmöglichkeiten. Die Familie wird umgebaut.
Die Geburtenzahl sinkt dauerhaft.
Die Schulbildung ist nur noch ein Schatten ihrer
selbst.
Sie werden dümmer und verführbarer.
Sie werden dicker und (noch) kontaktärmer.

Endlich werden wir geschützt.

Und unsere Rentner?
Sind voller Angst.
Werden nicht ausreichend geschützt, aber dennoch
eingesperrt und isoliert.
Bekommen eine Renten-Nullrunde.
Stellen als besonders zu schützende Gruppe die
meisten Toten.
Bei mittlerem Sterbealter von 80,77 Jahren liegt das
mittlere Alter der Coronatoten bei 82 Jahren. Übers
Jahr gibt es keine Übersterblichkeit. Pandemiezeit
eben.
Die Impfung hilft nicht vor Ansteckung, Übertragung,
Erkrankung und Tod.

Genug Grund, uns zu schützen.

Wer zahlt?
Alle diejenigen, die Steuern zahlen. Weil die Steuern
jetzt aber weniger werden, wird Geld ohne Gegenwert

gedruckt. Das mindert dann den Wert allen Geldes.
Also zahlen alle und haben weniger.
Dann verspricht man das eigene wertlosere Geld als
Hilfe auszuzahlen und lässt dann noch darauf warten.

Wer ist dankbar für den Schutz und das beste
Deutschland aller Zeiten?
88% der Wähler

Wer stützt das alles durch Nichtstun?
Die vielen Nichtwähler.

Wer will das alles?
Grüne, FDP, Linke, SPD, CDU und CSU, Kirche und die
von ihnen erfundene Zivilgesellschaft

Meine Bitte:
Schützt uns bitte nicht mehr! Zumindest nicht so!

PS.:
Ein alter DDR Witz passt jetzt wieder

Ein Rabe und ein Specht fliegen zusammen über
Deutschland. Der Specht ist begeistert: "Ein schönes
Land!" "Warum?" fragt der Rabe. "Überall ist der
Wurm drin!" antwortet er: "Wirklich überall!"

PPS.:
Es ist erstaunlich, wie sich untergehende Systeme
ähneln.
Es ist erschreckend, wie man eine ganze Gesellschaft
untergehen, äh schützen, lassen kann, ohne dass sich
jemand ernsthaft wehrt.

Es ist entsetzlich, dass Menschen alles glauben und die Realität einfach ausblenden.
Man braucht nur ordentlichen Schutz, dann sind wir uns wieder einig, ob wir wollen oder nicht.

Kapitel 23
Verblödungsseminar

Erst hatte ich vor, ein Verblödungsseminar zu besuchen, um mich meiner Umgebung mehr anzupassen, dann kam ich auf die Idee, mir im Bundestag die Reden der Altparteien anzuschauen.
Was soll ich sagen? Es hilft! Ich hetze und diffamiere jetzt 24 Stunden am Tag mit viel Leidenschaft, ignoriere Fakten, sichere meine Pfründe, kurz - nach mir die Sintflut.
Es geht mir jetzt bedeutend besser und die Kopfschmerzen durch das permanente Nachdenken sind weg. Nur die alten Leute, die in der Straßenbahn nicht mehr stehen können, die nerven. Stört mich aber auch immer weniger. Ich erkämpfe mir seit ein paar Wochen rücksichtslos meinen Sitzplatz und bin endlich auch ohne schlechtes Gewissen in der Bahn unterwegs. Blöde Rentnerschwemme. Werde heute Abend aber für mehr Rentengerechtigkeit und gegen rechts demonstrieren. Nächste Woche demonstrieren wir gegen CO2 - Ausstoß (also auch gegen das Atmen, da man sonst nie neutral wird) und gegen rechts. Dann folgen Demos für von Autos befreie Straßen und gegen rechts, dann für die Bienen und gegen rechts, gegen

Unkraut und gegen rechts, gegen die Chinesen und gegen rechts, für die Abschaffung von Zensuren und gegen rechts und dann kommt eine Großveranstaltung, auf der wir fordern, dass unsere Forderungen weltweit umgesetzt werden.

Wenn der Nachbar mit den Kindern dann endlich arbeitslos zu Hause sitzt, sind natürlich die Rechten dran schuld und ich habe ausreichend Gelegenheit, ihm klar zu machen, was er denken soll. Anderenfalls wird seine Bude eben entglast. Dann hat er es selbst so gewollt.

Die grün-linke Ecke macht echt Spaß: erfüllte Freizeit, Einigkeit in der Gemeinschaft, mit allen alt eingesessenen Parteien ist man im Einklang und die Frisörkosten sind jetzt als positiver Nebeneffekt wegen meinem neuen Dutt auch weggefallen.

Darum lasst uns die neue Hymne singen:

Anarchie und Utopie
Sozialismus für ein Weltensterben!
Danach lasst uns alle streben,
divers, bunt und allhie!

Anarchie und Sozialismus,
Sind der Antilinken Untergang
Verderbt im Schatten unseres Krieges
Blühe: Chaos dieser Strategie,
Kriecht im Staub heute und allhie.

Kapitel 24
Frauenzeit -Dystopie

Vorige Woche bekam ich vom Amt für private Stunden etwas Freizeit zugeteilt. Also ging ich in das Archiv unserer Stadt, um herauszufinden, wie eine Welt entstehen konnte, die die Existenz zweier Geschlechter leugnet. Mir war klar, dass das eine Straftat war, aber ich konnte nicht anders.
Nach langer Suche stieß ich in einer anonym gestalteten Mappe auf Presseberichte mit dem Aufdruck: „Neues aus der Politik".

dpa, 20.03.2021
- Das Robert- Koch-Institut wurde auf Antrag der Partei der Grünen in Robert*a-Köch*Innen-Institut umbenannt, um den weiblichen Mitarbeiter*Innen endlich ein Gesicht zu verleihen.
Das Roberta-Köch*Innen-Institut stellte anlässlich seiner Umbenennung den sichersten PCR-Test aller Zeiten vor. Mit einer Fehlerquote von nur 2,5% (bei Covid-19 waren es noch 4,4%) können männliche Schwangerschaften bereits zwei Wochen vor der Empfängnis erkannt werden. Erste Testreihen verliefen erfolgreich. Die WHO sprach eine weltweite Empfehlung aus.
- Eine Petition mitten aus der zivilgesellschaftlichen Mitte heraus, unterstützt von Gewerkschaften, den Linken, der Antifa-Femen-Deutschland AG und der bayerischen CSU, hat mit einer Petition erreicht, dass

mit einer Neufassung des Transsexuellen-Gesetzes jetzt auch Ausweis-Männern (also vormals Frauen) staatlich gestützte Schwangerschaftstests wöchentlich zur Verfügung gestellt werden.
- Die Leiterin des Dudens stellte am 01. August, anlässlich des 120. Todestages von Konrad Alexander Friedrich Duden, die neue Sprachreform vor. Danach soll es nur noch die Artikel die und das geben. "Der" wird durch "X" ersetzt, welches das X-Chromosom im Mann symbolisiert.

zwei Jahre später
dpa, 20.03.2025

Bereits neun Monate nach der 2021 erstmals verwendeten neuartigen Covid-19-Impfung, welche in das menschliche Erbgut eingreift, traten bisher unbekannte Langzeitwirkungen auf.
- Laut BILD sind bereits drei Männer an den Folgen einer schweren Schwangerschaft verstorben, weil sie nicht vorbereitet waren. Die Bild zeigt auf ihrem Titelblatt einen glücklichen Muttivati mit seinen Drillingen und seinem deutschen Ehefreund mit mosambikanischen Wurzeln.
- Möder, der außereheliche Ziehsohn und Nachfolger von Serkel, schwört die Männerwelt auf Impfungen gegen Gebärmutterhalskrebs ein.
- Der stellvertretende Gesundheitskanzler gab in seinem neuen Schloss bekannt: Bis der Impfstoff zur Verfügung steht, müssen alle Männer im Schritt eine medizinisch zugelassene S.E.X.-2 oder medizinische Untenrum-Maske tragen. Außerdem gilt in Kaufhallen

und öffentlichen Räumen ein Mindestabstand für Männer von 1,50m von Frauen und Männern, aber nur wenn letztere sich weiblich fühlen. Männliche Jugendliche haben Schulverbot, sowie ein Aufenthaltsverbot in allen Räumen, in denen sie sich in Gemeinschaftsräumen nackt aus- und umziehen müssen. Alle Umkleideräume wurden bundesweit für Männer geschlossen.

- Lauter Hainerbach verkündet im Fernsehen, Männer könnten nach einer aktuellen Studie des staatlich geförderten SM-Institutes auch von Prostituierten und Schafen schwanger werden.

- Die Gesundheitsämter verkünden am Rande eines internen Treffens: Ab einer maskulinen Schwangeren-Inzidenz von 0,05 seien Kontaktverfolgungen unmöglich. Der Gesundheitskanzler verspricht in Reaktion darauf flächendeckend PCR-Tests anzubieten und die Zahl der Entbindungsbetten zu erhöhen.

-Bild berichtet, dass bei einer Umfrage 70% der Frauen in einer Beziehung angaben, ihr Mann sei im Laufe der vielen Jahre immer schwangerer geworden, nur 30 % machten sich jedoch wegen Geburtskomplikationen Sorgen. Vor 10 Jahren waren es noch 30% weniger.

- Die Bundeszentrale für männliche Geburtenbildung kündigt eine Aufklärungskampagne an und bringt mehrere Broschüren heraus.

- Die WHO ruft den weltweiten Pandemiefall aus und empfiehlt, Männern das Überschreiten von Ländergrenzen zu verbieten.

-Teilweise Entwarnung kommt von der Vereinigung staatsabhängiger Ärzte (VSÄ). Fast alle Frauen gehören nicht zu den Männern, so ihr offener Brief. Männergruppen über 70 Jahre, ohne Zähne und Haare, sowie männlicher Nachwuchs bis 8 Jahren gehören nicht zu den Risikogruppen. Das seien 71 % der Bevölkerung. Diese trügen die Verantwortung für die gefährdete Gruppe.

- Papst Luzifer der Erste verkündete in seiner Bulle, dass sich Gott in männlichen Schwangerschaften manifestiere und Maria nur stellvertretend für Joseph niedergekommen sei. Die Deutsche Bischofskonferenz empfahl den Gläubigen auf den Maria-Bildern per Wasserzeichen einen schwangeren Josef darzustellen. Buddhisten erklären in Sri Lanka, Buddha sei weiblich und männlich und in seiner dicken Darstellung seien beide Geschlechter schwanger.

- Erneut fanden Proteste von Leugnern männlicher Schwangerschaft statt, denen Kirchen und Zivilgesellschaft mit Protestaktionen energisch entgegentraten.

Der Sprecher brachte auf der Bühne als Hauptargument vor, bei 40 Millionen Männer würde der PCR Test allein durch seine Fehlerquote 100.000 schwangere Männer ausweisen. Die Entbindungsbetten seien jedoch leer. Dies erinnere ihn an die Covid-19-Zeit, als der noch etwas schlechtere PCR Test vergleichsweise sogar 176.000 Falsch-Infizierte ausgewiesen hätte. Als eine rechtsextreme Verschwörungstheoretikerin laut ins Mikrofon schrie, es gäbe keine schwangeren Männer, schritt die Polizei ein. Nachdem zahlreiche Männer, also nicht diejenigen, die sich weiblich fühlten, ohne Untenrum-Maske festgenommen wurden, löste sie die Versammlung mit Wasserwerfern auf.

- Der Verfassungsschutz berichtet von vermehrten Übergriffen jugendlicher Aktivist*Innen auf

dickbäuchige Männer. Beteiligt seien engagierte Klimaschützer und Femen, die jedes männliche Kind als Bedrohung des Klimas und der Freiheit der Frau empfinden.
- Vergangenen Monat bildete sich die Partei der Alternativen Schwangerschaft (PAS), welche Schwangerschaften nur bei Frauen propagiert. Damit rückt unsere Gesellschaft weiter nach rechts. Der Verfassungsschutz hat daher die Beobachtung aufgenommen. Die Rot-Schwarz-Grüne Regierung ist alarmiert und verurteilt eine solche Auffassung aufs Schärfste. Das Internetportal Correctiv zeigt die Verlogenheit der neuen Partei auf.

Zwei Jahre und ein Monat später
dpa, 20.04.2025

- BKA Bericht: Die Gewaltspirale gegen Männer im fortpflanzungsfähigen Alter nimmt besorgniserregende Zustände an.
- Die Ministerkonferenz der Länder unter Leitung des Kanzlers Möder stellt fest, dass schwangere Männer überwiegend aus dem rechten Lager kommen und beschließt mehr Mittel im Kampf gegen Rechtsextremismus.
In einer umfassenden Studie fanden Wissenschaftler in Panama heraus, dass männliche Schwangerschaft nicht übertragbar, nicht ansteckend und nicht über veganes Essen weiterverbreitet werden kann. Jedoch wurden in Norddeutschland erste schwangere Wattwürmer männlichen Geschlechts entdeckt. Die Wissenschaft steht jetzt vor einem Rätsel.

Zwei Jahre und zwei Monate später
dpa, 20.05.2025

- Das Bundesamt für Statistik stellt fest, dass die Zahl der Männer drastisch abnimmt. Immer mehr unterziehen sich einer Geschlechtsanpassung oder erklären, sich im falschen Körper zu befinden. Im Westen sank die Zahl der optisch erkennbaren Männer von 49 auf 23 Prozent. Im Osten reduzierte sie sich auf noch 34%. Experten halten die nicht aufgearbeitete DDR Geschichte für ursächlich für diese Rückständigkeit. Im Gegenzug stieg die Zahl Frauen mit dicken Bäuchen und Gesichtsbehaarung. Mediziner sehen hier eine zusätzliche Belastung der Krankenkassen. Einen Zusammenhang sehen sie nicht. Auch wurde festgestellt, dass jetzt viel mehr Frauen auf Frauen mit Bart stehen.

- Der Gesundheitskanzler gibt bekannt, dass die Lage epidemisch männlicher Schwangerschaft nationaler Tragweite aufgehoben werden kann, wenn die Zahl der Männer auf eine Inzidenz von unter 35 auf 100.000 Einwohner gesunken ist. Vorwürfe, er sei an einem Pharmaunternehmen zur Invitro Fortpflanzung und künstlicher Befruchtung beteiligt, wies er energisch zurück.
-Die Bundespolizei hebt ein Nest illegal existierender Männer aus und verhindert Dutzende männlicher Grenzübertritte ins Ausland.

Drei Jahre und drei Monate später
dpa: 01.06.2026

- Die vereinigten Frauenrechtsorganisationen spalten sich nach vielen Flügelkämpfen auf. In einer Pressemitteilung geben Sie bekannt: "Jetzt, da das Problem Mann gelöst wurde, ist es an der Zeit, sich anderen Zielen zu widmen. Denkbar ist es, sich der Problematik radikaler klein- und großwüchsiger Frauen zu widmen, welche durch Sonderansprüche am Arbeitsplatz andere Frauen diskriminieren." Zitat Ende

- In eigener Sache: Die dpa gibt bekannt, dass kommende Woche die letzte Pressenachricht herausgegeben wird. Eine unabhängige Berichterstattung ist seit 2020 immer weniger möglich. Außerdem schwindet die Bevölkerungszahl derart rapide, dass es nicht mehr möglich ist, ausreichend Nachwuchsjournalisten zu finden. Ihre Aufgabe wird jetzt von verschiedenen Lobbygruppen und Großkonzernen übernommen. Deren Nachrichten werden jetzt von künstlicher Intelligenz erzeugt und per Impfung monatlich implementiert.

- Infratest stellt fest, dass die Zustimmung der Bevölkerung zur Politik, mit 96,99 Prozent immer noch so hoch ist, wie seit Auftreten der Covid-19-Pandemie.

Als ich fertig gelesen hatte, beseitigte ich alle meine Spuren, schlich in die Toilette, rasierte schnell meinen etwas nachgewachsenen Bartschatten ab, zog den Lippenstift nach und stöckelte so schnell ich konnte nach Hause zu meiner Frau. Offiziell sind wir zwei verheiratete Frauen, die sich in der Gesellschaft gegen Ungleichheit unter Frauen engagieren. Aber das ist nichts Besonderes. Da sind wir alle drin, so wie früher in der FDJ.

Nachtrag:
Das ehemalige Familienministerium, das mit der Umbenennung zum BMfSJ erstmals Männer bewusst im Namen ausgeblendet hatte, heißt jetzt Bundesministerium für alle Frauen (BMfaF). Die CSU heißt Christlich soziale Frauen Union (CsFU) und wir sind alles Adi's: AraberInnen mit deutschstämmigem Integrationsbedarf. Zurzeit werfen wir Bomben auf Syrien, China und Russland, weil die unseren Werten nicht folgen. Bei denen gibt es nämlich immer noch Männer. Absurd, oder? Also, dass die Männer haben.

Kapitel 25

Blick in die Hose?

So leicht lasse ich mich nicht verwirren. Von wegen: "Schau einfach mal in deine Hose, dann siehst du, ob du Männlein oder Weiblein bist." Da kann ja jeder daherkommen. Ich kann auch fliegen, obwohl ich keine Flügel habe. Das weiß ich einfach, auch wenn ich es noch nicht probiert habe. Wieso soll ich also als Mann keine Kinder zur Welt bringen können? Ich habe es schlicht und ergreifend nur noch nicht probiert. Babys sitzen auch stundenlang auf dem Töpfchen und dann klappt es plötzlich.

Wenn so viele Menschen behaupten, dass ihr Blick zwischen den Schritt lügt, weil ihr Körper im Zwiespalt mit ihren Gehirnen und dieses mit sich selbst liegt, dann muss das wahr sein. Man könnte, statt dem Verstand oder dem Körper zu glauben, auch auf die Physik zurückgreifen und das Gehirn wiegen, postmortal. Bei Männern wiegt es ca. 1.400 Gramm. Die von Frauen sind etwa 100 Gramm leichter. Beweis erbracht! Ist aber zu spät, hilft bei der Aufklärung nicht und prämortal geht leider nicht. Okay, das war etwas zugegebenermaßen etwas morbide.

<u>Kann schon sein, dass man nicht weiß was man sein will. Nicht sein kann jedoch, dass man nicht weiß, was man ist, Männlein oder Weiblein.</u>

Das stellt sich bis zur Pubertät heraus, wenn nicht von selbst, dann über die Ärzte. Solange nur zwischen den beiden Geschlechtern zu entscheiden ist, ist ja auch alles okay. Auch ein Dazwischen kommt immer mal wieder vor. Wer jedoch auf mehr als die zwei Geschlechter und das dazwischen besteht, hat ein echtes Problem. Womit wir wieder bei den Gehirnen sind.

Glaube versetzt eben Berge. 270 Professuren gibt es in Deutschland, die sich damit beschäftigen, die angeblich Unmengen von Geschlechtern entdeckt haben und jede Menge Geld verschlingen. Jeder Fetisch, der aus dem Gebüsch hoppelt, bellt oder trabt wird weggefangen und erhält seine eigene Geschlechtszuweisung. Verrückte on tour.

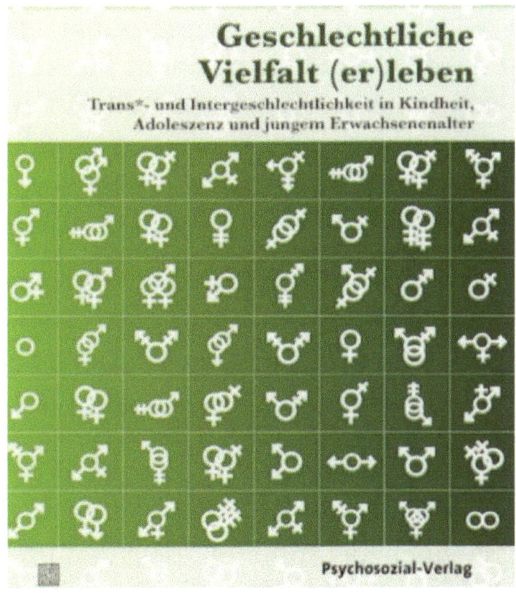

Das kann man sich als Otto Normalverbraucher gar nicht ausdenken. Hier sind „nur" 56 Geschlechter dargestellt. Das ist aber von 2016 und heute kennt man noch viel mehr. Ich schlussfolgere daraus, dass es zu viele Büsche gibt. Außerdem bezweifle ich, dass hier noch jemand durchblickt, geschweige sich das merken kann.

Was ich nicht möchte ist, dass die mit den nicht messbaren Gehirnen sich an Kindern und Jugendlichen vergreifen und denen die Gehirne verdrehen. Machen sie aber und das ganz regulär an unseren Schulen. Sie stellen das für unsere Kinder so wie hier auf dem Bild dar. Wunderbar! So versteht man Sexualität sofort: ein Quadratschädel, ein Dreibeiner, einer mit nur einem Bein, ein Riese und ein Zwerg, einer der einen Kopfstand macht und einer mit nem Punkt über dem Kopf. Das soll sexuelle Vielfalt darstellen. Für mich ist das alles primitiver Schwachsinn von geistig und psychisch Gestörten, die mein tiefstes Mitgefühl verdienen. Es gibt nur zwei Geschlechter und ganz selten irgendwas anderes aus Beidem. Basta! Der Rest sind für mich ganz persönliche Vorstellungen, Vorlieben und Fetische. Was ich aus meinem vorgegebenen Körper und Geschlecht mache, wie ich lebe, warum, mit wem und wo, das ist so vielfältig, wie die Menschheit zahlreich ist und hat mit Geschlechtern nichts zu tun.
Bevor ich es vergesse, diejenigen, die dort Unterrichtssequenzen anbieten, besitzen im Regelfall keinerlei pädagogische Qualifikation. Ihre einzige Qualifikation ist divers zu sein, homo oder als was sie sich eben sonst so sehen. Das dürfen sie auch.
Doch was geht das uns und unsere Kinder an und was hat das mit dem Bildungsauftrag der neutralen Schule zu tun?

Es gibt ein Recht auf ein drittes Geschlecht

 Das Bundesverfassungsgericht in Karlsruhe gab am 8. November 2017 ein Grundsatzurteil zur Intersexualität bekannt. Intersexuelle Menschen können sich auf das allgemeine Persönlichkeitsrecht und den Gleichheitsgrundsatz des Grundgesetzes berufen, um in offiziellen Dokumenten weder als männlich noch als weiblich anerkannt zu werden. Der Gesetzgeber wird von den Verfassungsrichtern dazu aufgefordert, die Entscheidung bis Ende 2018 umzusetzen und ein drittes Geschlecht ins Geburtenregister aufzunehmen.

Das Gesetz zur Intersexualität wurde tatsächlich 2020 verabschiedet. Jedoch muss man sich bis zum 16. Lebensjahr für ein Geschlecht entscheiden. Das Gesetz unterscheidet auch nur bis zu dieser Altersgrenze die drei Varianten der Geschlechtlichkeit. Danach sind es wieder zwei.

Man fragt sich daher, warum öffentliche Stellenausschreibungen überhaupt m/w/d enthalten. Will man in den Büros mit aller Macht geschminkte Männer mit Karl-Marx-Bart in Frauenkleidern oder Frauen in Osterhasen- oder Dominakostümen etablieren?

Warum werden Stellenausschreibungen überhaupt sexualisiert? Wo liegt das Problem, wenn man schreibt: „Wir bieten folgende offene Stelle an: .....“? Übrigens wollen auch Transgender letztlich nur Mann oder Frau sein und nichts dazwischen.

Wussten Sie, dass es Bestrebungen gibt die Begriffe „Mutter“ und „Vater“ gegen „Elternteil 1 und 2“ zu ersetzen? Danach werden dann auch Elternteil 3 und 4 möglich und die anderen Geschlechter werden dann auch nicht diskriminiert. Das Wort Mutter wird (von der Mehrheit sehnsüchtig erwartet) gegen „austragendes Elternteil“ und Vater gegen „nichtaustragendes Elternteil“ ersetzt. Die stillende Mutter wird zur „Milchgebenden“, weil das Männer angeblich auch können. Zu dieser besonderen Art der geistigen Gestörtheit, muss man erstmal hinfinden. Hut ab!!

Schlimm ist, dass man es nicht nur fertig gebracht hat, Alltag zu sexualisieren sondern gleichzeitig die

Sexualität zu politisieren. Befürworter sind automatisch links und Gegner automatisch rechts. Wobei es in guter diktatorischer Tradition keine Grauzonen mehr gibt. Links ist immer gut und rechts immer schlecht: Basta.

Ich hatte jedenfalls einfach nur Glück. Als ich noch jung war, wohnten wir an einem Park. Da hüpfte ich öfters aus einem Gebüsch. Es mangelte in unserem Park jedoch an irren Professoren und Genderexperten. Sonst hätten wir heute vielleicht noch ein Geschlecht mehr, das blauäugige Buh-Schrei-Gebüsch-hüpf-Geschlecht.

Im Kindergarten und meinen Schulklassen gab es jedenfalls nur Mädchen und Jungen und entweder man interessierte sich für die, die beim Pinkeln im Freien hockten oder für die die standen oder eben für niemanden.

Wenn mich nicht schon die Körperpflege täglich daran erinnert hätte, dass ich männlich bin, dann hätte es der beginnende Bartwuchs. Und nichts, aber auch gar nichts, hätte aus meinem Kopf verbannen können, dass dem so ist, weder Hormontabletten, Psychotherapie noch Operationen. Und genau deswegen tun mir diese Menschen auch so unendlich leid. Man kann sich dem ersehnten Ziel nur annähern, aber es nie erreichen. Doch wenn man, so wie es zurzeit geschieht, die Gesellschaft mit ihrer „Abweichung von der Normalität" überflutet, dann ist für mich eine Grenze erreicht. Die Anführungszeichen habe ich bewusst gesetzt, denn ein sehr großer oder ein sehr kleiner

Mensch sind auch normal und dennoch weichen sie von der Norm ab.

Ach ja, um den Titel zu beantworten: Ein Blick. Mir reichte ein Blick, um zu wissen wer oder was ich bin.

Kapitel 26
Gendersprache das neue babylonische Gebrabbel

(Bibelzitat:
Gen 11,7: "Auf, steigen wir hinab, und verwirren wir dort ihre Sprache, so dass keiner mehr die Sprache des anderen versteht.")

Ohren auf! Hier kommt gutes Deutsch!

Darauf haben die interdiversen benutzerdefinierten Milchgebenden und Gebärmuttertragenden, die Elternteile 1 oder 2, die Quot*Innen oder Mensch*Innen dieser Welt schon lange warten müssen. Sie werden jetzt endlich wahrgenommen. Bisher gab es nur Männlichkeit. Weiblichkeit wurde überhaupt nicht wahrgenommen, weder von Männern noch von Frauen; von den anderen dutzenden Geschlechtern erst gar nicht zu reden.
Aber jetzt wurde dem generischen Maskulinum stellvertretend für den bösen Mann endlich der verdiente vernichtende Schlag versetzt. Wer braucht schon männlich, wenn er/sie/es es auch rein weiblich klingen lassen kann. Wer da nicht mitmacht, gehört zur Gruppe der Dorftrottelnden. Aber lassen wir den Scherz erbost beiseite, denn ich bin ja kein Scherze Kalbender oder als Mann kein Spötter*In und das Thema ist einfach zu wichtig für die Mitglieder*Innen einer gesunden Gesellschaft. Immerhin können jetzt Elter*Innen, Mensch*Innen und Kinder*Innen sich

endlich gegenseitig diskriminierungsfrei Ausdrücke wie Dummköpfender an den Kopf werfen. Dafür haben Kann-Nix und IdeologiX durch ihre Hochschul-ProfiX und StudierX an den neugeschaffenen Stätten der Unbildung gesorgt. Jetzt kann in der neuen Geschlechtergerechtigkeit auch ein Penis ein weibliches Genital sein. In der Wortschöpfung besteht allerdings noch Nachholbedarf, denn die weibliche Form von Penis wäre dann wie?

Aber EinerKlickIn muss doch den Anfang machen und solche Unwichtigkeiten kann man später klären.

Spielen wir die Gendergerechtigkeit anhand eines Spruches etwas inkorrekt durch: "Lieber einen Spatz in der Hand als die Taube auf dem Dach." Das würde jetzt bedeuten, dass man korrekt sagen würde: "Lieber einen Spatzenden in der Hand, als einen Taubenden auf dem Dach." Ein Scharmörender wer da Böses denkt.

Unser männlicher "Bürger:innenmeister:In" meinte einmal hocherfreut: "Es gibt jetzt endlich die Analphabet*Innen, die Vergewaltiger*Innen, die Amateur*Innen und die Fußfetischist*Innen. Das macht vieles einfacher im Umgang mit kriminellen Teilen unserer Stadtbewohner*Innen." Das sehe ich genauso, denn es entlastet den sprachlich unterentwickelten männlichen Teil der Bevölkerung enorm. Der bleibt jetzt außen vor und allen Hallodri*Innen das Hallodri*Innentum im Halse stecken.

Bauarbeiter*Innen zu sagen, macht natürlich Sinn. Obwohl es kaum Frauen in körperlich schweren Berufen gibt, zieht jetzt die Weiblichkeit in dieser Männerdomäne ein. Bauarbeiter*Innen macht auch

den größten Dummenden klar, dass jeder erotisch verschwitzte Muskelprotz vom Straßenbau auch eine weibliche Seite hat.
Es war gut, dass endlich die Apostel*Innen des Feminismus mit dem Sprachbrei der Deutsch*Innen aufräumten. Mit göttlichem Sendungsbewusstsein wurde den Spitzbüb*Innen des generischen Maskulinums mit dem Gerechtigkeitssprachbeil der Henker*Innen aus dem Duden der Garaus gemacht, also der Sache ein Ende bereitet.
"Es gibt eben nichts Gutes, außer man tut es."

Endlich wird nun die sowieso schwer zu erlernende deutsche Sprache für den gesunden Menschenverstand endgültig unerreichbar sein. Was nur die Überlegenheit der Gendersprache über die maskuline Deutschtümelei unterstreicht, das Gendern somit legitimisiert und ihre Verfechter*Innen zu Heiligende macht. Da muss sogar seine Heiligkeit*In als Oberhaupt*In des Papst*Innnentums ehrerfürchtig vom hohen Thron des gläubigen Patriarchats herabsteigen und den Sendbotenden und Erlöser*Innen seine Hochachtung zollen.
Von außerhalb schüttelt allerdings der, die, das Eine oder der/die /das Eine oder Andere oder Anderen*In verständnislos sein/ihr/ das Haupt. Dies insbesondere, wenn m/w/d aus einem anderen Sprachraum heraus kommend, den Sinn oder Unsinn der deutschen Wortsetzung ergründen und irgendwann vielleicht auch Deutsch sprechen wollen. Sie stolpern an den Einschlägen, den die Artillerist*Innen in der Sprache der Dichter*Innen und

Henker*Innen so bravourös wie Artist*Innen hinterlassen haben.

(Frei nach der Bibel:
"Wegen ihres Wahnwitzes strafte sie Gott, verwirrte ihre Köpfe und zerstreute ihren Verstand, so dass ihr Turm der verrückten Kommunikation nicht vollendet werden konnte."
Herr erbarme dich ihrer!)

Ob großes X, Sternchen oder Schrägstrich oder das vorher eingeführte doppel-S statt ß, es wird immer mehr ein Sprachsalat, den sogar Veganer ablehnen. Dichter die gendern, will niemand lesen oder sollte ich lieber sagen, kann niemand mehr?

Vielleicht helfen aber auch, die sich wie ein Krake eingeschlichenen Englismen. Da finden dann die Trinkenden ihren "Café to go", jetzt auch zum Mitnehmen, die Radfahrenden ihr E-Bike, jetzt auch überall zum Mitnehmen, während andere Unterwegsseienden im "stop and go" unterwegs zum "park and ride" sind. Und dann gibt es die wie mich, die wegen dem ganzen Unsinn dieser sprachlichen Freakshow immer wütender auf ihre Tastatur Hämmernden. Und die geraten nahe an ihren geistigen Blackout. Ich wünsche den ganzen Sprachverhunzer*Innen ihr baldiges Waterloo. Die brauchen alle mal ein paar Subbotniks diese Asholes. Doswidaniya! Ich bin dann mal weg, Nase voll!! Wenn es um Gender geht, bin ich bei dem Durcheinander ein streitbarender streitstammelnder Streithammelnder.

PS.: Die Düd(klick)Innen sind übrigens dankbar für jede Anregung.

Kapitel 27

Bombenstimmung vor Deutschlands Gerichten

„Heute herrscht wieder eine Bombenstimmung vor Deutschlands Gerichten."
"Hallo Grünflächenämter, demnächst wird der Rasen gesprengt."
Immer wieder werden ganze Gerichtsgebäude bedroht und geräumt. Ob das der neue Volkssport wird?
Wir leben in einer antidemokratischen Spaß- und Hyperventilationsgesellschaft. Warum sollten wir also ernste Problem ernsthaft angehen?
Die Innenstädte werden mit Steuergeldern am Morgen von den Schuttbergen der Partygäste gesäubert.
Richter gehen während der Verhandlung mal frische Luft schnappen (bis die Luft wieder rein ist).
Polizisten können in der Auseinandersetzung mit Eventgästen endlich ihre masochistische und mit vermummten Demonstranten ihre sadistische Ader ausleben.
Mädels die noch keinen Liebespartner hatten, brauchen sich nur mit Einbruch der Dämmerung auf der Straße allein sehen lassen oder gehen zu öffentlichen Sylvesterfeiern.

Ist doch alles gut, oder?

Kapitel 28
Quotenungerechtigkeit

Eine Quotenregelung nur bei Frauen in Führungsetagen oder Parlamenten geht mir nicht weit genug. Das ist Diskriminierung der Bergleute, Handwerker und der männlichen Kosmetiker. Ich fordere daher eine 50% Frauenquote bei allen schmutzig/körperlich schweren Arbeiten, wie bei Pflasterern, Betonbauern, Dachdeckern, Gleisbauarbeitern und Prostituierten.

Dann hätte ich gern noch:

- eine Quote für Alte, für Mittlere und Junge,
- für Rot- Gelb-, Weiß-, Schwarze und sonstige Häute,
- eine paritätische Berücksichtigung aller Nationalitäten,

sowie bei allen Quoten eine Zusatzquote für alle Arten von Diversen und sonstigen Geschlechtern und VerQueeren.

Die Arbeitsplatzaufteilung regeln wir dann zentral vom Kanzleramt aus, denn da können wir die politische Gesinnung steuern.

In jüngeren Lebensaltern gibt es mehr Männer. Bei Quoten von 50% gäbe es also mehr arbeitslose Männer. Ab den Mittelälteren wandelt es sich, dann gibt es mehr Frauen und demzufolge mehr arbeitslose

Frauen. Klasse, dass man Arbeitslosigkeit gezielt über Quoten steuern kann.

Kapitel 29
Klimazölibat und sonstige Zölibate

Ich bin dafür, das Zölibat für Angehörige der Ernährungskirche einzuführen, weil mir vor einiger Zeit die Idee kam, man könne noch Virus-Zölibat, Wurst-Fleisch-Zölibat, PKW-Zölibat, Atmungs- und Pupszölibat einführen. Das spart langfristig CO_2, was die Anhänger der Klimakirche/-sekte freuen wird, denen ich das Zölibat auch wärmstens empfehlen würde. Was dann übrigens noch mehr CO_2 einspart. Lasst uns zölibatär leben. Wenn es uns nicht mehr gibt, sind all unsere Probleme gelöst. Eine klassische win-win Situation, welche das niemals endende Weltuntergangs-Szenario" ersetzt und narzisstisches Intoleranz-Gehabe dafür implementiert. Genial!
Es lebe die zölibate Weltherrschaft!

PS.: Jetzt hat sich auch der Kreis zum Papst geschlossen und die Verbindung zwischen katholischer Kirche und Klimasekte wurde endlich sichtbar. Nach nur drei Generationen gehen auch die letzten CO_2-linge in den Schoß Gottes hinüber.
Da kann man nur hoffen, dass das Theater dort nicht weitergeht.

Kapitel 30
Schwule Nacht, lesbische Nacht - Klingt so, ist aber keine Satire

Kein Scherz, wirklich passiert:

Weihnachtskonzert am 11.12.2018 in der Dresdener Dreikönigskirche: Es wird eine Geschichte verlesen von 2 lesbischen Frauen, die ihrer Familie zu Weihnachten ihr Lesbischsein erzählen. Alle sind total beglückt und haben sich schon immer eine lesbische Tochter/Enkeltochter gewünscht. Alle singen beglückt: „Stille Nacht, lesbische Nacht... ."

Eine noch normal denkende Dame regte sich in der Pause so auf, dass alle dachten, sie sei eine ultraorthodoxe Christin. Doch „heilig" gegen „lesbisch" zu ersetzen und das in einer Kirche, wirkt nicht nur wie Blasphemie, es ist es auch.
"Nach diesem Abend spürt man es: Jetzt kann Weihnachten kommen."
Zitat aus der Internetwerbung des Veranstalters, der sich selbst beglückt für seine gelungene Veranstaltung feierte.

Laut Google ist Deutschland übrigens das schwulste Land Europas. Vielleicht schaffen wir es ja hier an die Weltspitze. Ansonsten ist wohl eher alles im Niedergang begriffen.

Abgesehen davon kann jeder nach seiner Veranlagung glücklich werden, aber Sexualität ist eine persönliche Sache und gehört nicht vor die Kanzel.

Kapitel 31
Warum „Klimaopfer" Täter sind

Die Klimaopfer wehren sich gegen zu viel CO2 und Feinstaub. Hüpfe also am schulgeschwänzten Freitag, wer kann. Wirbelt Staub auf gegen Feinstaub! Atmet empört aus, gegen CO2.

Nur so entgehen wir der Schule, eh sorry, dem Wetter, eh sorry dem periodischen Klimawandel, eh sorry, der Klimakatastrophe. Und den angreifenden Pinguinen, die jetzt ohne Heimat dastehen.

Lasset uns beten:

Wir wissen: Klimawandel hat nichts mit der lang anhaltenden Sonnenaktivität, kalifornischen Wäldern (16% des Gesamtanteils an CO2-Zuwachs), unterirdischen Vulkanen, dem herumeiern des Planeten Erde in seiner Umlaufbahn, tektonischen

Plattenverschiebungen und dem globalen Irrsinn des Warentransportes zu tun.

Wir wissen: Klimawandel hat nur mit dieselbasierten Personenverkehr und alten Umweltsäuen in Deutschland zu tun.

Wir wissen, die drei größten Umweltverschmutzer China, Indien und USA haben ein Einsehen, wenn wir in Deutschland zu Fuß gehen und uns unsere Luft besteuern.

Wir wissen: Wir haben Apostel, die CO2 sehen können und wir retten durch deren Wirken die Welt. Deswegen gehen wir auch nicht in die Schule.

Wir wissen: Nur die sozialistisch/kommunistische Zwangsherrschaft kann die Menschen davon abhalten, den Planeten zu zerstören.

(Anmerkung eines Kritikers: Was für ein irrer Übermenschenwahn.)

„Einige Menschen fühlen den Regen, Andere werden einfach nur nass."
- Bob Marley –

All diejenigen, welche sich als Klimaopfer sehen, werden durch ihr unüberlegtes Handeln aus dem Bauch heraus zu Tätern, weil sie den Blick auf die tatsächlich notwendigen Maßnahmen verstellen, die zur Bewältigung des Klimawandels notwendig sind. Am Schluss stehen alle im Regen, weil sie unvorbereitet sind.

Kapitel 32
Sehe ich das richtig?

Nur nochmal zum Verständnis:

Auf einmal sind riesige Menschenansammlungen wieder kein Problem, wenn es um den Andrang von Impfwilligen geht, während man im Jahr zuvor sogar beim Eis essen zusammenstehenden Jugendlichen die Polizei auf den Hals hetzte?

Auf einmal ist „positiv getestet" nicht gleich „infiziert" nicht gleich „erkrankt", während man im Jahr zuvor alle Grundrechtseinschränkungen mit dieser Gleichsetzung begründet hat?

Auf einmal müssen Grundschulkinder einen Pool-Test machen, der vom Labor abgeholt wird, weil sonst der Datenschutz nicht gesichert ist, während man Monate zuvor alle Bedenken dagegen abgebügelt hat?

Auf einmal finden wir es okay, dass ungeimpfte Kinder kein Recht auf Bildung haben sollen, während wir in den Jahren zuvor zumindest rhetorisch alle Anstrengungen unternommen haben, um Inklusion voranzutreiben?

Auf einmal ist von wiedererlangten Freiheiten für Geimpfte die Rede, während im Jahr zuvor selbst ein indirekter Impfzwang als Verschwörungstheorie galt?

Auf einmal ist uns das nackte Überleben der Alten so wichtig, dass wir dafür sogar die Zukunft unserer Kinder riskieren, während man in den Jahren zuvor die Renten gekürzt, die Alten abgeschoben und ihnen als für den Klimawandel und alle Übel der Vergangenheit Verantwortliche ein schnelles Ableben gewünscht hat?

Auf einmal ist es okay, dass vor allem alte weiße Männer in Politik und Wissenschaft uns die Welt erklären, während das in den Jahren zuvor als Grund für unsere Blindheit, Einseitigkeit und Sturheit galt?

Auf einmal klatschen wir dankend Beifall für drastische Grundrechtseinschränkungen und ermächtigende Gesetzesänderungen, während wir in den letzten Jahren panische Angst vor autoritären Rechtspopulisten hatten, die uns die Freiheit nehmen und die Demokratie abschaffen wollen?

Auf einmal ist es anrüchig, privilegierte Männer wie Bill Gates und Klaus Schwab zu kritisieren, während es in den letzten Jahren zum guten Ton der Gesellschaftskritik gehörte, "den Kapitalismus", „das Patriarchat" und „die Reichen" als Ursache für die Übel der Gegenwart auszumachen?

Auf einmal ist es anrüchig, die Interessen der Pharmaindustrie zu betonen, während in den letzten Jahrzehnten ein Pharma-Skandal dem nächsten die Klinke in die Hand gab und die lobbyierenden Großkonzerne der Endgegner jeder relevanten Systemkritik waren?

Auf einmal sind Worte wie "Impfen schafft Freiheit", "Volksschädling" und "Corona-Leugner" wieder sagbar, während wir in den letzten Jahrzehnten unermüdlich vor Geschichtsverharmlosung warnten?

Auf einmal sollen wir vor allem fügsame "gute Staatsbürger" (Precht) sein, die die Regeln niemals hinterfragen (Wieler), während in den Jahren zuvor Untertanentum und autoritärer Charakter als Ausweis eines schwächlichen Geistes und als Voraussetzung für die dunkelstem Kapitel unserer Geschichte galten?

Auf einmal darf die Schule wieder mittels Angstrhetorik Regelgehorsam lehren, während in den Jahrzehnten zuvor die "Erziehung zur Mündigkeit" das hehre Ziel von Bildung sein sollte?

Auf einmal sollen Jugendliche wieder spuren lernen, während man ihnen in den letzten Jahren sogar fürs Schule schwänzen Beifall gezollt hat?

Auf einmal sollen wir wieder alles mitmachen, wenn es um die Volksgesundheit geht, während wir das in den letzten Jahrzehnten als verräterische Rhetorik von totalitären Autokraten begriffen haben?

Sehe ich das richtig?

Kapitel 33
Politikbetrieb

"Politik ist ein schmutziges Geschäft!", hatte ihm schon sein Großvater gesagt und der musste es wissen. Er war lange Zeit Oberbürgermeister gewesen, also nicht so ein Chefkoch wie im Dresdner "Burger-Meister" obwohl er auch ein Gästehaus betrieb, sondern so ein Richtiger mit schwerer Kette um den Hals, wenn es erforderlich war. So ein Stadtoberer am hinteren Ende von Bayern, da wo die Lederhosen noch richtig krachen und die Busen aus den Ausschnitten hüpfen. Und er musste es wissen, der Großvater, da er befreundet war mit ein paar Ministern und sogar dem Landesvater. Als er es dann nicht mehr war, also Bürgermeister, lud man seinen Nachfolger zu allen möglichen Festen ein. "Politische Freunde hat man nur selten über den eigenen Erfolg hinaus, und meist nur dann, wenn sie weiterhin ihr eigenes Scherflein verdienen." hatte der kluge Mann gesagt. Schade, dass er jetzt nicht mehr lebte, er hätte seinem Enkel ein kluger Ratgeber sei können. Der war wie er damals selbständig, hatte allerdings zwei schwere Branchenkrisen nicht ganz unbeschadet überstanden und dabei gravierende Fehler im System festgestellt. Doch wie ändert man etwas, wenn man einer von 470.000 Unternehmern ist und niemanden kennt, der auch etwas ändern möchte? Zunächst sollte man bei der Arbeit in einen Fahrstuhlschacht fallen und dann so gar keine Lust auf eine Wiederholung haben. Warum fangen Menschen erst an nachzudenken, wenn sie in Not geraten? Wie auch immer, es gab gravierende systemische Fehler, speziell in Bildung, Steuern, Arbeitswelt und Sozialsystem, doch denkt man immer erst als Betroffener darüber nach.

Dann braucht man zusätzlich noch die Erkenntnis, dass mit der derzeitigen Praxis der Klein- und Mittelstand eher ärmer als reicher wird, dann einen politischen Stammtisch bei dem das diskutiert wird und zu allerletzt jemanden, der mit der Frage an ihn herantritt: „Ich kenne einen Abgeordneten, der noch einen Büroleiter sucht." Fast 50 Jahre nach dem Tod des Großvaters ging also wieder jemand aus der Familie in die Politik. diesmal aber in den ganz großen Schmutz, nämlich in den Sumpf der Hauptstadt. "Die ist immer eine Abreise wert.", hatte er dann auch (nach den ersten Monaten) resümiert. Betonwüsten, Lärm, Drogensüchtige, Müllberge und rücksichtslose Rad- und Autofahrer, ständig kommt eine Bahn nicht und alles ist von niederer Qualität und viel zu teuer. Das war also so gar nichts für ein Kleinstadt- und Landei.

Sicher gibt es auch schöne Ecken in diesem besprühten Steinhaufen, aber wenn man die erst gezielt suchen muss, und die Fahrt dorthin mit den Öffentlichen entweder zur Bedrohung oder zum Ekeltrip wird, ist doch eigentlich alles gesagt, oder?

Jetzt saß er in einem Büro, welches nur halb so groß war, wie sein altes und war von der Tätigkeit zur Hälfte Sekretärin. Seine ursprüngliche Intention, Missstände aufdecken und etwas zum Besseren zu wenden, hatte er inzwischen begraben. Die neue Tätigkeit erweiterte dennoch seinen Horizont. Die Frage war nur, hatte er sooo genau wissen wollen, wie die Realität aussah?

Vermutlich ja, denn Menschen wie er sind neugierig und das ist auch dumm.

Die Partei, welche er sich angeschlossen hatte, war angetreten, dieser Unvernunft den Kampf anzusagen. Genau sein Ding: erst das Problem benennen, dann die Ursache finden und dann eine Lösung erarbeiten; Mit klugen Köpfen aufzeigen, wie man sich die bessere Alternative zum Vorhandenen vorstellte und dann über kurz-, mittel- und langfristige Zielsetzungen sich mit Methode an die Arbeit machen. Da hatte er wohl vergessen, dass er es mit Menschen zu tun hatte. Sein Chef hatte anfangs erklärt, er stelle ihn ein, damit er System in die Arbeit bringen könne. Danach stocherten sie in allen möglichen Bereichen herum, von denen sie keine Ahnung hatten. Im Arbeitskreis regte er bei den Abgeordneten an, man möge sich doch Ziele setzen, die Themenfelder genau umreißen und sich dann mit Systematik und konkreter gegenseitiger Aufgabenverteilung an die Arbeit machen. Darauf wurde er auf seinen Mitarbeiterplatz verwiesen, ihm erklärt, man habe ja erstmal das Parteiprogramm und dann gälte es noch Leitlinien zu erarbeiten. Außerdem sei das die Aufgabe der Bundesprogrammkommission, der Bundes- und der Landesfachausschüsse. Für seine Unternehmerohren klang es ineffektiv, nach "Viele Köche verderben den Brei."
Es wurde ihm erst im Nachgang klar, dass man gar nicht verstanden hatte, was er eigentlich meinte. Die Leitlinien mutierten denn auch zu einer Abschreibübung und Umformulierung von Partei- und Wahlprogramm. Die Arbeit im Arbeitskreis war geprägt vom Verwalten von Einzelaktionen, bei denen sich ein Teil der Abgeordneten gegenseitig die Themen wegnahm, andere trugen gar nichts zum Thema bei und wieder andere brachten zwar zielführende

Anträge ein, diese folgten jedoch keinem systemischen Handlungsstrang.

Man brachte etwas ein, das wurde abgelehnt, dann zu den Akten gelegt und dann der Phantasie erneut freien Lauf gelassen. Gewürzt wurde das Ganze mit dem Wettbewerb "Wer produziert mehr tote Akten?" und wer hat mehr Likes. Das war in nahezu allen Bereichen und vermutlich auch den meisten Landesparlamenten der Fall. Es fehlte die Vision: „Wenn wir an der Regierung wären, dann...“ und dann käme die Vision. Und sie würde vermittelt von Menschen, welche an einem Strang ziehen. Man kann nicht nur vermitteln, was man alles nicht will und wogegen man ist. Es war vorher klar, dass man „gegen böswillige Menschenfeinde“ antritt. Doch damit gewann man keine Mehrheiten und keine Freunde. Am Ende blieben gute Reden, die keiner mehr hörte und dann kamen Wahlen, bei denen man abgestraft wurde, weil man letztlich kein alternatives Bild anbieten und positiv verkaufen konnte. Da halfen auch Plakate nichts, auf denen Dinge standen wie: Für einen gesunden Mittelstand oder für Sicherheit, Familien fördern, für gute Renten und so weiter. Stattdessen verschwand die Aufbruchsstimmung, bei der die Gemeinsamkeit stark wurde und im Vordergrund stand. Sie wich Machtspielchen um Mandate und Bekanntheitsgrad, der Jagd auf Unterstützer und Einfluss. Die Macher, Teamplayer und Idealisten, Leute wie er, standen jedes Mal fassungslos vor dem Tohuwabohu der Planlosen, aber auch der Selbstdarsteller, Karrieristen, Neider und Ränkeschmieder.

Das traf allerdings mehr für den reicheren Teil Deutschlands zu, der keine Diktatur erlebt hatte und demzufolge weder erinnern, noch erinnertes Wissen weitergeben konnte. Doch Uneinigkeit gab es überall, auch ein Problem der Freidenker.

Er hatte sich in die Fänge der Politik begeben und war jetzt auch ein Stück weit beim Broterwerb davon abhängig geworden, aber wie lange dieses Prinzip des politischen Stocherns noch gut gehen würde, wagte er nicht zu prognostizieren, schon gar nicht für einen längeren Zeitraum.

Andererseits, war es denn bei anderen Parteien anders? Es gab da eine Partei, welche ihre eigenen Anträge in jeder Legislatur erneut einreichte. Es gab eine Partei voller Bestechungsskandale und eine, die Terroristen einstellte. Ab welchem Grad der Unwirksamkeit wäre eine Beendigung der Mitwirkung angeraten? Warum verstanden viele der wohlstandszivilisierten Menschen nicht, was die Menschen im Osten und weit vor ihnen die Arbeiterbewegung schon lange verstanden hatten? Nur gemeinsam ist man stark. Ein Ziel zu kennen und blind darauf loszustürmen, führt meistens zu blutigen Köpfen. Gab es mehr als nur eine logisch richtige Denkweise?

Er beschloss für sich, dass Problem weiter aktiv anzugehen und hoffte, dass andere mitziehen würden. Die Welt würde sich auf jeden Fall ändern. Würde es gelingen, den Wandel friedlich und positiv zu gestalten? In anderweitigen Fall wäre es ein sehr schnelles und gruseliges Ende, denn das Lügengebilde das der Gegner aufgebaut hatte, glich einer Ächtung aus dem Mittelalter und Geächteter zu sein, war niemandes Wunsch.

Tierfabeln

Anfrage an Sender Eriwan: Sind Kritiker männlich?

Antwort: Im Prinzip sind sie vielseitig, aber ja. In Grimms Märchen vom Teufel mit den drei goldenen Haaren entfernt der Jüngling einen Frosch, der eine Wasserquelle verstopfte. Dadurch trug der Baum keine goldenen Früchte mehr und die Stadt verarmte. Unsere Altparteien sitzen ebenfalls wie Frösche auf der Zukunft Deutschlands. Die Kritiker sind der Jüngling, der die Froschparteien von unserer verstopften Zukunft hebt.

Kapitel 34
Das Königreich der Frösche - Tierfabel

Im Königreich der Frösche herrschte nach einem verheerenden Krieg mit den vereinigten Krötenreichen endlich wieder Frieden. Gut, eigentlich war es schon lange kein Königreich mehr. Doch weil es eine Fröschin gibt, die sich genauso verhält, bezeichnen wir der Einfachheit halber die weibliche Herrscherin mit diesem inkorrekten Titel. Der See in dem die Frösche lebten, war wieder grün und hatte sauberes Wasser. Libellen schwirrten wieder mit Luftpost herum. Wasserläufer verteilten die Tagesnachrichten. Vögel flogen Waren aus allen Ländern der Welt ein und brachten einheimische Waren zu ihren Empfängern. Allen ging es gut und wenn die Frösche nur etwas Verstand besessen hätten, dann hätten sie ihr Glück als gute Basis für die Zukunft ihrer Quappen begriffen und alles daran gesetzt, das neue Glück zu halten und auszubauen. Es waren jedoch sehr eingebildete Frösche. Einfach nur auf dem Teichrosenblatt sitzen und quaken reichte ihnen nicht. Sie wollten, dass die ganze Welt so quakt, wie sie. Dabei bekamen sie noch nicht einmal ihr eigenes Zuhause in den Griff. Alt kämpfte gegen jung, arm gegen reich, geimpfte gegen ungeimpfte, Umweltfrösche gegen Klimafrösche. Da gab es sogar männliche und weibliche Frösche, die sich Frösch*Innen nannten und gegen das jeweils andere Geschlecht kämpften. Es gab sogar Geschlechtsleugner. Die weiblichen behaupteten, Laich zu produzieren mache ja Spaß, aber sich dann darum zu kümmern, sei frösch*Innenfeindlich. Also zerstörten sie den Laich, nachdem sie ihn produziert hatten. Andere meinten, wenn Frösche, die Frösche zur Welt bringen, dies einfach nicht mehr tun würden, dann könnten diese endlich freie Frösche sein und so der Unterdrückung durch männliche Frösche entgehen. Wieder andere Frösche erklärten, sie wüssten nicht, ob sie Laich produzieren könnten oder nicht. Sie könnten sich sexuell nicht einsortieren, wollten dies auch gar nicht tun und das sei sowieso nur reine Kopfsache. Es wurde immer verrückter, weil immer weniger Frösche mit sich selbst klar kamen. Da saßen Frösche auf Blättern, die lauter als zehn andere Frösche quakten und so Sachen von sich gaben, wie „Ich will weder Männchen noch Weibchen sein und wenn schon, dann gleichzeitig ein weiblicher Mann und eine männliche Frau. Ich bin benutzerdefiniert." Viele weibliche Frösche, produzierten erst Laich und schlugen ihn dann zum Entsetzen anderer Frösche tot. Und dann gab es Kritikfrösche, die sich mit wirtschaftlicher Kritik, mit Finanzkritik, sozialer Kritik und anderen Sachen beschäftigten. Aber niemand begriff, dass man gemeinsam Missstände anprangern müsste. Stattdessen gingen sie sich gegenseitig an. Die alten Frösche meinten, es bräuchte nur eine einzige Woche mit richtiger Not, dann wären die wieder klar im Kopf. Die sexuell Umdefinierten und die Quappenmörder meinten jedoch, die Alten seien eben lästige und überflüssige Quakhälse von gestern und schrieen ihnen Schimpfworte an den Kopf, von denen sie nicht mal im Ansatz wussten, was sie bedeuteten. Die Froschkönigin fand das gut. Solange die sich mit sich selbst beschäftigten, ließ man sie in Ruhe. Sie regierte den Teich so, dass sie immer den lautesten Quakern folgte und gleichzeitig ihnen ihr Denken und ihre Freiheit beschnitt. Die lauten Quakfrösche waren nicht die Mehrheit, aber die Mehrheit dachte, dass es so sei und man folgt lieber dem Sieger.

Am Ende wurden die Frösche immer weniger. Und weil sie begonnen hatten auszusterben, gab es überall Froschnot. Bei der Teichbodensäuberung, der Blattlausbekämpfung, der Laichaufsicht, der Alten- und Krankenversorgung, der Teichpolizei, bei Lehrern der Kaulquappenschule, also eigentlich überall. Im Teichparlament fingen die Parteien jetzt an, sich als Problemlöser zu profilieren. Zuerst hatten sie den ganzen Blödsinn gefördert und jetzt kamen sie von der Nummer nicht mehr runter. Also machten sie politisch das Beste für sich selbst daraus. Wenn die Kaulquappenschulen am lautesten schrieen, dann forderten sie mehr Lehrer, riefen die Sicherheitsfrösche nach mehr Personal, dann forderten sie genau das und als die Medizinfrösche stöhnten, "Wir können nicht mehr!", forderten sie auch da mehr Personal. Die Froschopposition forderte wild in der Gegend herum und die Froschregierung versprach, was das Zeug herhielt. Die oberste Froschkönigin verkündete „Wir schaffen das." und faselte von Zusammenhalt. Das war natürlich absurd und die alten Frösche fingen erneut an, derart bedenklich das Maul zu schütteln, dass manch einer vom Seerosenblatt fiel. Die Mehrheit hatte aber gar nicht richtig zugehört und empfand die Parolen der Froschkönigin als gute Regierungsarbeit. Das Teichparlament hatte jedoch zusätzlich das Problem, dass es viele junge Frösche im Teich gab, die sich selbst nicht mochten, weil sie sich eine Kollektivschuld an einem Krieg gaben, der so lange her war, dass niemand mehr lebte, der aktiv daran teilgenommen hatte. Statt sich darauf zu einigen, dass das nie wieder passieren darf, hätten sie am liebsten den ganzen Teich aus lauter Selbsthass vernichtet. Die Froschkönigin ließ sie gewähren, denn sie bekämpften die alten Frösche. Diese behaupteten ihrerseits: "Wenn alle Frösche in überspitzten Schwarz/Weiß-Schemata denken würden, wäre die Froschheit nie bis zur Demokratie gekommen." Die Konfrontation spitzte sich zu. Aus Sorge um erneute Konfrontation provozierte man also neue Konfrontation, was für ein Blödsinn. Alle führten nur noch Worthülsen im Munde. Verstanden hatten wohl nur die Älteren.

Doch statt für die Zukunft daraus zu lernen, holte das Parlament, angetrieben von der Froschkönigin und getrieben von Weltenrettern, Selbsthassern und Froschglobalisten, wahllos wildfremde Frösche ins Land. Damit wollten sie offensichtlich die Laicharmut bekämpfen, den akuten Froschmangel beseitigen und die Auflösung der eigenen Teichwelt erzielen.

Als ein Teil der Frösche begriffen hatte, dass von diesen Fröschen keine Lösung der Probleme zu erwarten war, machten sie sich von allen Seiten des Teiches auf, um ihren Unmut zu zeigen.

Das Froschestablishment, dass sich selbst als alleiniges Wahrheitsministerium sah, und allen anderen entweder die Vernunft abquakte oder ihnen böseste Absichten unterstellte, reagierte auf üble Art und Weise. Die Protestierenden verloren ihr Teichrosenblatt, durften keine Fliegen mehr fangen und wurden an den Rand des Teiches verbannt. Wenn sich ein Frosch beschwerte, dass man ja nicht mehr seine Meinung quaken dürfe, entgegnete man ihm zynisch: Er könne sie ja quaken, er müsse nur die Folgen ertragen. Wer würde ihn denn davon abhalten?

Bestrafe einen, erziehe hundert, hatte mal ein böser Frosch verkündet. Und genau so ging die Froschregierung vor. Sie hatte sich weit vom Teichleben entfernt und den Gedanken des "solidarischen und des demokratischen WIR" schon lange hinter sich gelassen. Je weiter sie sich davon entfernte, umso mehr quakte sie davon. Man konnte kaum noch das Teichrosenblatt wechseln, ohne über Vielfalt und Demokratie zu stolpern. Eine Schere, die immer weiter aufging.

Und wenn die Frösche nicht irgendwann den Irrsinn beenden würden, dann würde es den Teich bald nicht mehr geben. Aber noch regierte eine selbstherrliche, kritikresistente Froschkönigin mit ihren

Hofschranzen, die alle weggebissen hatte, die ihr hätten gefährlich werden können. Ihre Person selbst stand jedoch nur symbolhaft für den Schmutz, der die Gesellschaft zerstörte. Es war das gesamte machtbesessene Schmarotzertum, quer durch den Teich. Und noch förderte man die hausgemachten Teichbeschmutzer. Doch würden alle Frösche es einfach so hinnehmen und wäre ein Wechsel wirklich Besorgnis erregender als ein WEITER SO?

Hinweis:

<u>Der Froschbrunnen in Versailles - Ludwig der XIV:</u>

Mit ihren kurz zuvor geborenen Zwillingen Apoll und Artemis, Kinder Jupiters, kommt Latona, von Jupiters Ehefrau vertrieben, nach Lykien, eine Landschaft in Kleinasien. Sie ist erschöpft von der drückenden Hitze und der langen Reise. Sie hat großen Durst. Zufällig trifft die Notleidende auf einen in einer Senke liegenden Tümpel. Latona will sich laben - doch Bauern lassen die Verdurstende nicht trinken.

Die Bauern, die nicht wissen, dass sie eine Göttin ist, verbieten der auf die Knie gesunkenen Frau, wie Homer ausführt, "von dem kühlen Nass zu schöpfen". Mit ihrer Bitte, etwas trinken zu dürfen, findet sie kein Gehör. Die Bauern bleiben unerbittlich - und am Ende trifft sie der göttliche Zorn: Latona verwandelt die Bauern in Frösche.

Bauern, die sich einer Göttin widersetzen und dann bestraft werden: Dieses Motiv aus der griechischen Mythologie griff Ludwig XIV. (1638 bis 1715) in Frankreich auf. Der Sonnenkönig schuf in Versailles einen Latona-Brunnen. Die Botschaft, die er damit verkündete, war klar: Wer einem Gott, wer ihm, dem Gottgleichen, keine Gefolgschaft leistet, muss mit dem Schlimmsten rechnen.

Der Monarch wollte absolut und unantastbar herrschen, er duldete keinen Widerspruch seiner Untertanen.

Latona Brunnen in Versailles

Kapitel 35
Das Reich der Schafe - Tierfabel

Es war einmal vor noch nicht allzu langer Zeit, da trug sich in einem kleinen Land in der Mitte von Opeura eine unglaubliche Geschichte zu.

Überall grasten Unmengen friedlicher Schafe. Es war ein so dicht besiedeltes Land, das die ersten Schafe begannen, sich Sorgen zu machen, wo sie nachts ihr Haupt hinlegen sollten. Fast 800.000 Schafe hatten schon keinen ordentlichen Schlafplatz mehr.

Doch noch war alles friedlich. Alle gaben den Wölfen, von denen sie regiert wurden, mehr als 50 Prozent ihres Grases ab. Das führte dazu, dass 4 Millionen Schafe keine Weide mehr hatten von der sie selbst leben konnten und fast 25 Millionen nur noch vom Halm ins Maul lebten. Hinzu kamen 12 Millionen alte Schafe mit Existenzängsten. Die Wölfe, die sie regierten, wussten das natürlich. Also hatten sie Schafe ausgewählt, denen sie täglich große Portionen des saftigsten Grases vorlegten und sie überall im Land verteilt, wo sie ein Loblied auf die Wölfe sangen. Die Schafe nahmen das anfangs so hin. Bis eines Tages ein paar Schafe anfingen, sich zu beschweren. Erst blökten die Landwirte ganz laut, weil man es ihnen unmöglich machte, ihre Weiden in Schuss zu halten, dann die Schafe die Fuhrwerke bauten, dann die die für Unterhaltung und Kunst sorgten, dann die von Schafreisen & Co. Andere machten sich Sorgen, weil man sorglos mit der Umwelt oder den Ressourcen umging. Jedes Schaf protestierte für sich. Die anderen hoben jedoch nur mürrisch ihre Nasen und fraßen weiter heftig in sich hinein. Immerhin ging es im

Hamster- oder besser Schafrad um ihr Überleben, für Proteste hatten sie keine Zeit und die dort drüben waren doch eh nur Spinner. Die dort! Wir hier! Die übersatten Schafe der Wölfe verteilten den Nebel der Lüge, den sie vom unabhängigen Wolfsrat der allwissenden Vordenker hatten, der dem Land klar machte, es ginge ihm so gut wie noch nie zuvor und das die Grastöpfe übersprudeln würden. Einen kleinen Teil gaben die Wölfe aus den Grastöpfen auch zurück, aber nur so viel, um sicherzustellen, dass die Schafe auf ihren Weiden blieben. Die gut vernetzten Wölfe überlegten in mehreren Treffen, wie sie es hinbekommen könnten, alle Schafe unter ihrer Herrschaft mundtot zu machen. Es war lästig, dieses ständige Protestieren und "Wir sind die Herde!" Rufe und „Keinen Bock mehr!". Als ob das jemand bestritten hätte! Dennoch konnten sie gefährlich werden. Zunächst brachten die Wölfe Schafe aus aller Welt auf die Weide, von denen die meisten sich sofort absonderten und nicht wenige auf Kosten der dort schon länger dort Grasenden lebten. Die Wölfe erklärten, es reiche für alle und jeder könne etwas abgeben. "Wir schaffen das!" riefen sie, als die ersten Schafe meinten, dass es angesichts der Menge nicht zu schaffen sei, denn die fremden Schafe tauchten überall auf und machten Wohnraum knapp. Viele der fremden Schafe waren auch nicht kompatibel. Nicht nur Schlafplätze wurden jetzt knapp sondern auch Weidefläche. Die Wölfe präsentierten als Gegenbeweis positive Vorzeigeschafe aus den fernsten Ecken der Welt. Heimlich lachten sie aber nur, denn sie waren der Meinung, dass die Schafe jetzt gegeneinander antreten würden statt gegen sie. Außerdem gönnten sie ihnen das bisschen Gras nicht, dass manche beiseitegelegt hatten und waren der Auffassung, nur Not mache gefügsam. Langfristig hatten sie vor, die Weiden des Landes einer weit entfernteren Regierung zu übergeben, in der sie jedoch auch die Macht hatten. "Wir könnten sie überall überwachen, dann wissen wir immer ob und wo sich Protest regt!" schlug einer vor. Das war schon jahrelang von den Schafen abgelehnt worden, aber da die aufsässigen Schafe jetzt ein gutes Internet hatten, konnten sie ihren Protest austauschen und sie wurden mehr. Das ging gar nicht. Wenn man das zulassen würde, würden immer mehr Schafe zu Protestlern werden und erkennen können, dass das Wohlfühlmärchen, eben nur ein Märchen war. Also schufen sie ein Schaf-Schweige-Gesetz, welches jedes kritisches Blöken herausfilterte. "Wir können ihnen Angst einjagen und sie dann retten." schlug einer vor. "Wir müssen nur darauf achten, dass wir sie nicht zu sehr erschrecken, sonst brechen sie herdenweise aus." Sie berieten hin und her und versuchten auch einiges. Zuerst brachten sie Spaltung in die Schafe, hetzten die von der linken Weide auf die von der rechten, erklärten alte Schafe seien gefräßiger und junge wären blöd, die mit dunklen Streifen seien die Bösen und die mit den helleren die Guten. Dann erklärten sie, dass männliche Schafe die Gegner der weiblichen seien, drohten mit Weltuntergang wegen schlechtem Wetter und unterstellten den Schafen von größeren Weiden, sie würden die von den kleineren unterdrücken. Am Ende erzeugten sie ein Durcheinander, bei dem kein Schaf mehr durchblickte, aber jedes eine eigene gefestigte Meinung hatte, meist eine schlechte und meist litten andere Schafe darunter. Jetzt konnten die Wölfe sich zurücklehnen. Aus ihren Höhlen drang lautes Lachen. Sie klopften sich in guter Stimmung, auf Schafhäuten sitzend, auf die Schenkel und berieten erneut. Der Ablasshandel war zu ausgekaut, mehr Steuern zu offensichtlich usw. Positiv war, dass die religiösen Führer der Schafe immer schon die Sprache der Mächtigen sprachen. Dafür verbogen sie ihre Religion und nahmen billigend in Kauf, dass ihnen die Gläubigen davon liefen. Man schmiedete mit ihnen eine erste Allianz.

Während die dummen Schafe weiter fleißig buckelten, verschenkten die Wölfe deren Gras in der ganzen Welt und scheffelten damit Einfluss. So kamen sie mit anderen Wölfen ins Gespräch. Man tauschte Erfahrungen aus, denn jeder hatte seine eigene Methode, mit Schafen umzugehen. Jetzt wollte man das einheitlich vollziehen. Globales Schafsmanagement nannten sie das und erklärten nach außen, dass sei nur gut für die Schafe und alle hätten was davon, (wobei sich manch ein Schaf schon fragte, wozu es ein globales Schafsmanagement auf seiner kleinen Weide bräuchte.) Sie erkannten, wenn jeder für sich Schafe halten wollte, waren sie schwerer beherrschbarer und man stünde sich irgendwie von Angesicht zu Angesicht gegenüber. Also kamen sie überein, dass sie Strukturen bräuchten, wo den Schafen der Gegner abhandenkommen würde. Außerdem brauchte man ein schlagkräftiges Argument, welches alle Schafe, egal welcher Sorte, gleichermaßen akzeptieren würden. Da gab es, völlig alternativlos, nur die Angst! Doch wie sollte die aussehen, welches Gewand oder Fell tragen? Die Diskussion wurde lauter und erregter. Oft standen sich die Gegner mit gefletschten Zähnen und hochgezogenen Lefzen gegenüber. Alle überboten sich mit Ideen und möglichen Bedrohungen. Wären Kriegsbedrohungen geeignet, verseuchte Nahrungsmittel besser, religiöse Motive und Religionen, Umwelt und Wirtschaftskrisen? Und hier kam man der Sache schon näher.

Irgendwann sagte ein Wolf leise in die Runde: "Gesundheit, Gesundheit ist die Lösung. Irrational und rational zugleich, nicht greifbar und dennoch irgendwie real." Im Raum herrschte plötzlich Totenstille.

Dann schrien alle gleichzeitig begeistert los. Einer rief: "Da können wir gleich die Verschuldung loswerden." Ein anderer tanzte wie irre herum: "Da lassen sich Milliarden verdienen." Einer grinste über alle vier Backen und meinte atemlos: "Alle Regierungen, die wir nicht im Griff haben, zwingen wir somit in die Knie." Und ein Vierter schrie wie irre: "Da werden wir die vielen überflüssigen Schafe los, ohne ein einziges schlachten zu müssen." Jetzt herrschte wieder Totenstille. Was sie da gerade gehört hatten, war so unheimlich wie real. Langsam verstanden sie die Dimension. Es war ein historischer Moment, von dem nie jemand etwas hören durfte. Ein Leitwolf erklärte: "Wir dürfen sie nicht zum Luft holen kommen lassen, müssen immer schneller agieren. Widerstand braucht Zeit. Die werden wir ihnen nicht geben. Am Ende wachen sie in einer neuen Welt auf und haben auf immer und ewig verloren." Ein anderer sagte: "Wir haben das Geld, die Macht und wir sind am Zug. Niemand sagt, dass man ein Schachspiel zu Ende spielen muss. Man kann auch das Brett herumdrehen und den Gegner einfach vom Tisch schupsen."

Nur kurze Zeit später verkündete man, dass ein Virus die gesamte Schafheit bedrohe und fing an, die Schafe einzuengen, die Weiden wegzunehmen und versetzte sie so in Angst, dass sie begannen, sich gegenseitig einzusperren. Die Wölfe boten Hilfe an und wurden zu Lebensrettern.

Als die ersten Schafe aufmuckten, behaupteten sie, es wären Spinner und ließen ihre Muskeln spielen. Wasserwerfer spülten sie einfach von der Weide, während sie Gesetze erließen, die ihre Handlungen legal machten.

Am Ende hatten sie gewonnen. Die Schafe hockten zitternd auf ihren Weiden hielten misstrauisch voneinander Abstand, hatten Angst vor ihren Nächsten und wurden immer weniger, während die Wölfe immer mächtiger wurden.

Eine tiefdunkle Zeit hatte begonnen.

In dieser Zeit entstand ein wunderschönes Gedicht:

Ich wünsche mir mehr Menschlichkeit
in einer Welt, die derzeit schreit,
mehr Zuhören und auch Verstehen,
kein Spalten und auf Ich-Bestehen,
im Miteinander Händereichen,
dass Freundschaft stellt uns stets die Weichen,
für mehr Respekt im Hier und Jetzt,
dass Meinung keine Grenzen setzt.

Ich wünsche mir ein klares Denken,
für jene Köpfe, die uns lenken,
mehr Einigkeit im Tun und Lassen,
mehr Weitsicht beim Gedankenfassen.
Denn nur mit Ehrlichkeit und Sinn,
führt uns der Weg zur Hoffnung hin
und vielleicht kehrt mit etwas Glück,
dann auch die Menschlichkeit zurück.

Kapitel 36

Die Eisprinzessin - Tierfabel

Es war einmal. Nein, so fangen wir nicht an. Es geschah ihnen einfach und sie wussten irgendwann nicht mehr, wie ihnen geschah. Plötzlich war sie da und sie wollte anscheinend bis ans Ende ihrer Tage bleiben.
Doch fangen wir am Anfang an.
Jeder kennt das Märchen von der Eiskönigin, die einem Jungen einen Eissplitter verpasste. Dieser wurde daraufhin gefühlskalt, hartherzig und ging noch nicht mal in die Schule.
Was die Wenigsten wissen ist, dass das gar nicht im Reich der Menschen geschah. Vielmehr fand die Geschichte im Nachbarreich des verwunschenen Landes der sprechenden Tiere statt. Und sie war noch nicht zu Ende. Ganz im Gegenteil, jetzt fing sie erst richtig an. Als die Eiskönigin tot war, manche sagen auch, sie sei in Wahrheit in ein fernes Land geflohen, verleibte sich das verwunschene Land das viel kleinere Reich der Kälte ein. Die Eiskönigin hatte aber eine Tochter hinterlassen und der Regent nahm sie unter seine Fittiche. Als er starb, begann sie die Herrschaft an sich zu reißen.
Die Tiere hatten eigentlich eine Demokratie und gingen wählen, doch bestand ein Fehler ihres Wahlsystems darin, dass sie diejenigen, die nach der Wahl die Macht innehatten, gar nicht direkt wählten. Diese wurden von Parteien bestimmt. Das machte sich die Eisprinzessin zu nutze. Die Parteien spalteten das Land. Eine vertrat alle Kleinlebewesen. Das war die

anarchische ectermine sunt, kurz AES. Eine andere nannte sich HuHuP, humanitäre Huftierpartei und behauptete, die Arbeitstiere zu vertreten. Dann gab es noch eine kleine Partei, welche dafür war, dass der Staat im Alltag der Tiere fast gar nichts tun sollte und alle selbst klarkämen, er müsse nur Rahmen schaffen. Weil das vom Prinzip unsozial war, fungierte die Rahmenpartei RP immer nur als Mehrheitsbeschaffer. Sie würde auch nie groß werden, da sie nur die Tiere vertrat, denen es eh schon gut ging. Die größte Partei war aber eine, die von sich behauptete kein Tier zurück zu lassen, für Wirtschaft zu sein und als Tierliebhaber den ethischen Regeln des Tiergottes Üdoni "Überall-doch-nirgends" verpflichtet zu sein, die GWP (Gottes Wirtschafts Partei). Neu hinzugekommen war die Eispartei aus ihrem eigenen Land, die für Unterdrückung und Gewaltherrschaft stand. Damit das nicht zu offensichtlich wurde, benannte diese sich nach der Himmelsrichtung aus der sie kam, von links, in NeLi (Neue Linke), um.

Die Eisprinzessin, die nie so richtig im neuen Land angekommen war, schaute sich das bunte Treiben genau an. Sie begriff, dass die Parteien die Bewohner des Tierreiches in Gruppen aufteilten, damit sie friedlich gegeneinander antraten. Das musste geändert werden, um ihr Macht zu verleihen.
Eigentlich stand sie NeLi nahe, doch war sie machthungrig. Es ärgerte sie gewaltig, dass ihr Reich untergegangen war. Dabei hatte es mal so ausgesehen, als ob ihr Unrechtssystem die Weltherrschaft antreten würde. Doch als die Königin schwach wurde, hatten die blöden stimmlosen Viecher sich erhoben und ohne

einen Schuss das Regime gestürzt. Sie beschloss, ihnen den Krieg zu erklären. Ihre Anhänger versteckten die verbliebenen Schätze und sie trat der TWÜ bei; und schaffte es sogar, nicht einmal einen Aufnahmeantrag zu stellen. Um Anhänger zu gewinnen, verkündete sie immer das, was die Mehrheit der Tiere wollte, während ihre Anhänger aus der NeLi genau dort ansetzten, um die Meinung zu drehen. Während dessen biss sie alle Tiere weg, die ihr hätten den Machtanspruch streitig machen können. Während im Land oberflächlich alles so gut weiter lief, wie bisher, schaffte sie es, an die Spitze zu kommen. Jetzt suchte sie Schnittstellen und Gemeinsamkeiten mit den anderen Parteien und postierte ihre Leute an allen wichtigen Stellen. Die Gemeinsamkeiten machte sie zu ihrem Programm und wo es keine gab, übernahm sie einfach deren Ziele. Ihr Ziel, lebenslange Herrscherin zu werden, rückte greifbar näher.

Die Folge war, dass es zwar alle Parteien nach wie vor im Tierreich gab, doch sich deren Ziele annäherten. So konnte sie vorgeben, alle zu vertreten, ohne es wirklich zu tun.

Als sie Herrscherin wurde, begriff sie, dass die scheinbar Herrschenden im Hintergrund von anderen Tieren gesteuert wurden und dass das System zusammenbrechen würde, wenn sie deren Macht beschränken würde. Das machte sie sich zunutze. Sie spielte die Aufstrebenden gegen die Etablierten aus, suchte neue Verbündete außerhalb des verwunschenen Tierreiches, löste Machtstrukturen auf und begann alle Regeln des Zusammenlebens im Land für ungültig zu erklären ohne das je laut zu sagen. Die Tiere aus ihrem Rudel hatten jetzt die Macht, die

Sprache zu verändern. Sie schufen neue Worte, veränderten Inhalte und Bedeutungen und taten immer das Gegenteil dessen, was sie verkündeten. Das Ganze erinnerte stark an das biblische Babylon, wo Üdoni die Tiere verschiedene Sprachen sprechen ließ und Chaos ausbrach. Daher sprachen manche davon, dass das Antitier auferstanden sei und andere erklärten sich die Vorgänge mit Nachwirkungen aus vergangenen Zeiten. Wieder andere konnten sich die Vorgänge nicht ansatzweise erklären und verfielen in abstruseste Theorien. Kompliziert machte die Situation, dass die Eisprinzessin nicht nur nationalen sondern auch internationalen Tierführern nach den Nüstern sprach. Für viele Tiere wurde sie zum Symbol des bösen Stiers. Immer mehr zogen durch den Wald und forderten ihr altes Leben zurück. Darüber konnte sie nur lachen, denn die Tiere fragten vorher, wo und unter welchen Auflagen sie dies tun durften. Es waren die ersten Revoluzzer der Welt, die um Erlaubnis dazu fragten. Dabei war unterschwellig klar, dass sie ihre Kampftiere auf sie loslassen würde, wenn sie dies nicht taten.

Die Revoluzzer waren für eine solche Auseinandersetzung zu wenige und glaubten immer noch, sie könnten etwas ändern. Doch heißt der Spruch leider nicht: "Wie man aus dem Wald herausruft, so schallt es hinein." Sie waren Waldgänger im Sinne des Tierphilosophen Ernst Jünger. Tiere, die zwar protestierten und ihre Politik ablehnten, jedoch nichts aktiv veränderten. Ihre Führer waren teilweise uneins und die gegenseitige Abgrenzung stak so tief in ihnen drin, dass sie nicht in der Lage waren, sich einig zu werden.

Das verwunschene Tierreich der sprechenden Tiere wurde zu einem Land, welches immer mehr Tiere verwünschten. Miteinander sprechen, wurde zum Risiko, weil jeder Satz zum Risiko wurde. Die Tiere grenzten sich zunehmend gegenseitig aus. Das Wunder der gemeinsamen Sprache und die Werte, die das Land eigentlich zu dem machten was es war, begannen zu verschwinden. Für viele Tiere begann eine Zeit des ängstlichen Schweigens. Das untergegangene Eisreich erstand erneut und seine Kälte begann sich in den Herzen zu verbreiten.

Doch gab es auch Hoffnung. Das neue System würde nur noch solange eine Mehrheit hinter sich haben, solange die Vorräte reichten. Die Eisprinzessin sorgte daher dafür, dass es solange so blieb, bis das neue Eisreich fest im Sattel saß. Dann konnte ein kontrollierter Zusammenbruch kommen. Die Opposition wäre dann als Regierung heillos überfordert und damit könnte man ihr den Todesstoß versetzen.

Aus der wunderbaren Vielfalt der Tiere wurde eine geistig konforme graue Masse, der nur noch das einheitliche Fell fehlte.

Noch nie hatte es in der Geschichte ein solch freiheitliches Land selbst denkender und sprechender Tiere gegeben. Doch wenn in der Historie Tiere zu satt und träge wurden, wurden sie meist gefressen.

Der einzige Trost bestand jetzt darin, dass in den meisten Tunneln ein Licht am Ende sichtbar wird. Doch würde dieser Tunnel, in den sie von der Eisprinzessin getrieben worden waren, überhaupt einen Ausgang haben oder war es eine Falle?

Als die Eisprinzessin freiwillig dann doch abtrat, tat sie es nur, weil klar war, dass ihre Nachfolger noch viel schlimmer waren als sie selbst.

Kapitel 37

Des Ministers (un)sichtbare Hässlichkeit"
Oder
Der Kreislauf der Politik
Tierfabel (20.05.2021)

Es war einmal, da herrschte in Schamany einem sehr nahe gelegenen Land eine Kaste, der nur das eigene Wohl am Herzen lag. Schamany bestand aus mehreren Teilen. Im Osten war der große Froschteich, genannt der Dunkelteich, der eine Zeitlang gar nicht zum Land gehörte. Im Westen lag das Land der Schafe, im Süden das der im Schlaf sprechenden Tiere, die von der Eisprinzessin geführt wurden, und an der Küste das stumme Wasserland. In der Mitte lag die große Schlangenstadt, ein hässlicher Schmelztiegel mit einer abweisend wirkenden Regierungsfestung innerhalb derer ständig irgendwelche Bauwerke kaputt gingen. Viele Jahre waren die Schlangen unbehelligt unter sich geblieben. In einem großen Saal mit einer Kuppel trafen sich die Vertreter der verschiedenen Richtungen alle paar Wochen im Jahr und taten so, als ob sie das Land lenken würden. Das passierte jedoch gar nicht auf dieser Spielwiese, wie viele Einwohner es aus dem Land nannten, sondern wurde direkt aus der Schlangengrube vorgegeben. Diese stand abgeschottet direkt neben dem Parlament und sollte demnächst mit einem Wassergraben umzogen werden, um die Schafe und andere Bewohner abzuhalten, ihnen zu nahe zu kommen. An die Frösche hatten sie anscheinend dabei nicht gedacht.

Traten die Schlangen vor das Volk, so trugen sie wie jede Schlange eine Haut, mal etwas weniger ansehnlich, mal durchschnittlich und (eher selten) auch mal begeisternd schön. Jeder schlüpfte in die Haut, die der Rolle die er oder sie spielen sollte, am nächsten kam. Die einen hatten Häute an, die warm und freundlich waren. Andere hatten eher kühlere Farben und manche wirkten sachlich. Betraten sie jedoch ihre Schlangengrube warfen sie ihre Häute ab und zeigten sich so wie sie waren, kalt, hässlich und so gar nicht gütig und vorsorglich. Den Einwohnern präsentierten sie sich abwechselnd, je nachdem was ihnen gerade sinnvoll erschien. Mal überwiegten sachliche Häute, mal futuristische, mal konservative und dann wieder fast verrückt wirkende. Die Schlangen waren nicht immer einer Meinung und nicht jede Schlange gehörte zu den intelligenteren. Es gab aber ein paar gemeinsame Nenner. Zuerst kam ihr eigener Geldbeutel und der konnte sich nur prall füllen, wenn sie die Macht behielten. Ihnen allen waren das Land und seine Einwohner eigentlich egal. Ein gemeinsamer Nenner war noch, dass ihnen jegliches Verantwortungsbewusstsein und jegliche moralischen Werte abhandengekommen waren. Es war nicht das erste Mal, dass vom Wohlstand korrupt gewordene Egoisten oder verdrehte Zukunftsspinner sich mehrheitsfähig gemacht hätten. Nach außen taten die Schlangen so, als ob sie das Beste für das Land wollten und manchmal war es auch so, aber leider meistens nicht immer. Aber selbst wenn sie gewollt hätten, zwischen Wollen und Können liegen Welten. Ihr hypnotischer Schlangenblick verzauberte immer wieder die Mehrheit im Lande, sodass Kritik in der

Minderheit blieb. Niemand fiel auf, dass die Schlangen ihre Häute wie Kostüme auftrugen und wie hässlich sie darunter waren.

Da sie in ihrem Egoismus nicht in der Lage waren, dauerhaft für Wohlergehen zu sorgen, geriet das Land zusehends in eine Schieflage. Es kommt jedoch immer auf die Höhe des Berges an, von dem abrutscht. Wann man ganz unten ankommt, hängt von der Höhe ab, und ebenso die Wucht des Aufpralls. Der Egoismus und die Intoleranz der Schlangen fraßen sich langsam und unmerklich von oben nach unten in die Massen durch. Und so begannen sich Gruppen von Ich-Schreiern zu bilden, denen andere Gruppen egal waren, was sie aber nicht zugaben. Das Land spaltete sich. Jeder warf dem anderen vor intolerant zu sein und war es selbst am meisten. Sachliche Argumente zählten schon längst nicht mehr. Dafür kochten Emotionen wie übergekochte Milch hoch. Der verbale Kampf ohne Ziel und Verstand erreichte immer mehr Landesteile, Städte, Siedlungen und Weiden. Die Gewalttaten stiegen rasant an. Der erdrückende Gestank einer untergehenden Gesellschaft machte sich breit. In dieser Zeit wuchs ein kleines Schaf wohlbehütet auf einer Weide auf. Fröhlich tollte es zwischen Büschen und Bäumen auf der Wiese herum und holte sich am Bach regelmäßig nasse Hufe. Von alldem bekam es nichts mit. Bis, ja bis seine Eltern abends anfingen, darüber zu reden. Es lag auf seinem Stroh und konnte nicht schlafen, weil die erregten Stimmen durch die dünne Stallwand bis zu ihm drangen. Von Zukunftsängsten war da die Rede, einem Land, dass immer mehr die Meinung zensieren würde, davon, dass man ihnen der Umwelt zuliebe das Gras entziehen würde, ohne den Leuten verraten zu können, wie das gehen sollte und wie man überleben könne. Sie sprachen davon, dass die jungen Schafe nicht mehr auf die Weide dürften und viele der Eltern nicht mehr ein und aus wüssten. Bereits am nächsten Tag durfte das kleine Lamm auch nicht mehr raus. Es saß mit seinen Eltern im Stall fest. Draußen patrouillierten Söldner der Schlangen und verteilten Strafen an Widerspenstige.

Dem kleinen Schaf wurde Angst und Bange. Nach ein paar Wochen fing es an, am ganzen Körper zu zittern. Es wollte eine Zeitlang nicht mehr fressen und hatte aufgehört, herum zu tollen. Andere Lämmer wurden dick und krank. Jedes Lamm reagierte anders. Normalerweise standen die Schafe alle gemeinsam auf der Wiese. Widder und Ziggen, Alt und Jung, alle begegneten sich täglich und konnten die Kranken und Alten stützen, wenn sie schwach wurden. Sie konnten sich gegenseitig mit den Nasen stupsen und trösten, wenn es jemandem schlecht ging. Doch jetzt? Die Schlangen vertrösteten von Woche zu Woche. Aus Wochen wurden Monate, aus Monaten wurden Jahre. Selbst die Schafscherer blieben aus und so sah man viele ungepflegte Struwwelschafe. Nahrung gab es noch vor der Stalltür, weil alle sehr sparsam wurden und die Lieferketten nicht funktionierten, aber wie lange noch? Viele Schafe wurden krank. Sie bekamen weniger Nachwuchs und gaben ihr Wissen an die wenigen Lämmer nicht mehr weiter. Immer weniger Schafe waren fröhlich. Wer ein Hobby hatte, vergrub sich darin. Doch für die meisten waren die Parolen der Schlangen die einzige geistige Nahrung. Da sie auf verschiedenen Wegen übermittelt wurden und in einer

noch nie dagewesenen Kampagne überall auftauchten, wirkten sie wie eine Gehirnwäsche. Eines schönen Tages begann der Papa des Lamms abends zu verschwinden. Beim abendlichen Getuschel hatte es gehört, dass es Schafe geben sollte, die den Schlangen die rote Karte zeigen wollten. "Normalität für Schamany" war ihre Parole. Papa hatte vor seinem ersten Fernbleiben erregt gerufen: "Die Schlangen wollen kein Schamanyland, und ich will keine Schlangen, die mit uns nichts anfangen können! So einfach ist das!!!" "Du setzt unsere Existenz aufs Spiel." hatte das besorgte Mutterschaf geantwortet. "Welche Existenz denn? Was ist denn noch übrig von unserem Leben? Und schau dir unsere Lämmer an. Unserem letzten Jährling kann man jetzt schon ansehen, dass es sich nicht normal entwickelt. Es bricht mir das Herz." Dabei hatte er mit einem lauten Mäh seine Hufe gegen die Stallwand gehämmert. Paarhufer haben Kraft, wenn sie zutreten und wenn Böcke und Auen gemeinsam auf jemanden losgehen, sollte man beiseite gehen. Den Schlangen war das aber egal. Sie hatten ihre Büttel, sie hatten überlegene Technik und stellten sich den Bürgern des Landes einfach nicht. Warum auch? Aber ab diesem Tag verschwanden abends immer mehr Böcke und Auen aus ihren Ställen und trafen sich an den Hauptweiden, um zu protestieren. Die Schlangen schickten immer mehr Büttel.
Mäh und Blök schallte es an immer mehr Weiderändern. Genauso gut hätten sie aber auch im Stall bleiben können. Selbst wenn alle Bewohner, vom Froschreich bis zum Wasserreich, gleichzeitig protestierend auf die Weide gegangen wären, hätten die Schlangen höchstens ein Festmahl organisiert und

es irgendwo ausgesessen. Die Lautesten hätte man mit viel öffentlich abschreckendem Getöse in die Schlangengrube geworfen, nur um sie Maul tot zu machen und Angst zu schüren.

Die Schlangen konzentrierten sich jetzt zunehmend auf den Nachwuchs. Wenn sie diesen verführen konnten, würde Alt gegen Jung stehen. Teile und herrsche.

Dies begriffen auch die Unzufriedenen, die sich ganz besonders um ihren Nachwuchs sorgten. Ihnen hatte man vor einiger Zeit einen unfruchtbaren Minister vor die Nase gesetzt, der jetzt immer wildere Gesetze der Unfreiheit erließ und damit die am schärfsten kritisierte Schlangenkönigin außer Schussweite gebracht. Bei Tageslicht betrachtet, zeigte sich die innere Hässlichkeit im Äußeren der meisten Schlangen, bei ihm besonders und auch durch sein Handeln. Er war derjenige, der die Gesetze erlassen hatte, die das ganze Land unnötig an den Rand des Ruins gebracht hatte. Dass er sich anfangs noch eine modische Schlangenhaut überwarf, um sein Gegenüber zu täuschen, entschärfte ihn optisch nur geringfügig. Dass er sich am Elend bereicherte, führte auch zu keinen Konsequenzen. Und so sah er irgendwann keinen Anlass mehr für die Kostümfestspiele, wie er es nannte und ließ die Schlangenhaut nach und nach immer öfter weg. Eines Tages trat er bei einer Veranstaltung auf, zu der nur Leute Zutritt hatten, von denen er wusste, dass sie vor ihm katzbuckelten und Ja sagten. Nachdem er sich mehrere Stunden verlogen feiern ließ, trat er in seiner

Überheblichkeit vor die Tür, um der Presse zu verkünden, wie toll seine Politik sei. Der bestellte Beifall brauste auf, als er seine Fratze in eine Kamera hielt. Hinter den Journalisten stand jedoch eine schweigende beobachtende Menge von Bewohnern aus allen Ecken des Landes, flankiert von unzähligen Sicherheitskräften. Man brauchte für die Propaganda Bilder, die zufriedene Gesichter zeigten. Unter ihnen war auch unser kleines Lamm mit seinen Eltern, dem wütenden Widder und der verzweifelten Aue. Als seine Selbstherrlichkeit der Minister das blühende Land und auch sich selbst ausgiebig gefeiert hatte, kam jedoch wieder nur spärlicher Beifall zustande. Eine peinliche Sekunde lang war es sogar still. Genau in dieser Sekunde blökte das kleine Lämmchen so, dass es alle hören konnten. "Man ist der hässlich. Und was der sagt, ist doch gar nicht wahr. Mama? Kann der sich nichts zum Anziehen leisten oder ist dem egal, was wir über ihn denken?" Der Minister wurde leichenblass und erstarrte förmlich. Die Menge schwieg weiterhin und dann gingen die ersten Hufe drohend hoch, bis sich ihm ein ganzer Wald entgegenstreckte. Ein Frosch quakte: "Das Kind hat recht." Ein Wildschwein grunzte: "Und der will für uns eine gute Zukunft? Wohl kaum!"

Als die ganze Menge nur einen einzigen Schritt geschlossen nach vorn tat, flüchtete der Minister.

Als er weg war, gingen auch die Kameras aus. Das ganze Land hatte zugeschaut. Jetzt schallten die Proteste nicht mehr nur von fernen Weiden, jetzt rückten sie immer weiter in Richtung Schlangengrube vor. Aus den Bunkern und abgeschotteten Gruben erscholl es zwar noch "Wir schaffen das!", aber immer weniger glaubten dem hypnotischen Geschwätz der Schlangen, egal ob zugereist oder nicht. Am politischen Himmel gewann dadurch jedoch eine extreme Randgruppe an Macht und drohte damit, in die Schlangengrube einzuziehen. Sie wollten die Umwelt im Sinne der Tiere retten, indem sie sie zerstörten. Und dann zogen sie tatsächlich ein und die Hälfte der Schlangen wurde aus ihren Herrschaftsgruben vertreiben.

Aber auch hier wird sich wieder ein Lamm finden, dass mit einem einzigen Satz einen Tsunami auslösen kann. Ein Kreislauf eben, an dessen Ende alle Täter sich vor Strafe fürchten sollten.

Nachwort

„Gesellschaftliche Veränderungen benötigen Zeit, besonders wenn sie keine haben.“

Mit einer These entsteht automatisch eine Antithese. Jede Ideologie gebiert gleichzeitig ihr Gegenstück. Das Ergebnis der Auseinandersetzung ist dann die Grundlage dafür, wie es gesellschaftlich weiter geht. Die Tatsache, dass sich unsere Umwelt immer schneller wandelt, führt dazu, dass alle Beteiligten das Gefühl haben, immer schneller reagieren zu müssen, um ihr Handlungsfenster nicht zu verlieren.

Qualität und Tiefe der Auseinandersetzung gehen ebenso wie gegenseitiges Verstehen verloren.

Wenn eine Zukunftsvision gegen eine andere scheinbar verliert, so muss dies nicht zwangsläufig von Dauer sein. Bewusstseinswandel kann man nicht erzwingen. Er braucht seine Zeit.

Es darf nicht so sein, dass nur der gewinnt, der bereit ist am meisten zu opfern. Vielmehr sollte immer das bessere Argument gewinnen.

Das macht eine Demokratie aus. Und genau daran mache ich meine Überzeugung fest, dass wir unsere Demokratie gerade verlieren.

<u>Sprücheklopferecke</u>

Ungeduld ist kein guter Ratgeber.

Wer gewinnen will, darf
nicht aufgeben.

Steter Tropfen höhlt den Stein.
(Gilt auch für die Politik.)

Probleme sind nie Gott gegeben
und immer nur von Menschen
gemacht.

Kleine Schritte führen oft weiter,
als vermeintlich große.

Besonnenheit, Geduld
und Ausdauer waren
Mohandas Karamchand Gandhis
Weg zum Sieg.

Jeder Tod ist ein Neubeginn

Wo ein Wille ist, ist auch ein Weg.

Am Ende der Hoffnung werden wir
uns wieder umarmen, Glück und
Zuversicht teilen.

Zuversicht ist die Gewissheit, dass
sich alles erneuern kann.

Es braucht Mut und Kraft zu
ändern, was veränderbar ist, und
Demut anzunehmen, was sich nicht
ändern lässt, in der Hoffnung und
im Vertrauen, es wird gut.

Wege leuchten, wo wir uns die
Hand reichen,
Hoffnung kann wachsen,
wo Zuversicht trägt.

Erklärung zum Cover

Die Illustratorin
Warum ich dieses Motiv gewählt habe? Ich habe mich nicht direkt auf den Inhalt bezogen, sondern den Titel als Inspiration genommen.
Der Esel, der Einfältige, der Arrogante, der Dumme denkt sich: er weiß alles und schreibt es auch an die Mauer.
Weisheit und Intelligenz in Form der Eule stehen für die inhaltliche Aussage. Die Schläue und Gerissenheit in Form des Fuchses sorgen dafür, dass die Arroganz sichtbar wird. Das K hinunter zu lassen, um die richtige Aussage" Keiner weiß alles" zu erschaffen, ist ein humorvoll korrigierendes Augenzwinkern.

Der Autor
Wenn also niemand alles weiß, dann sollte es doch ein Hauptanliegen sein, andere Meinungen und die dahinterstehenden Argumente zu erfahren. Damit bekommt man nicht nur die Chance, die eigene Position zu stärken, sondern auch den eigenen Horizont zu erweitern. Und genau dieses erweiterte Verständnis kann dazu führen, auch mal dem Gegenüber zuzustimmen oder einen gänzlich neuen Weg zu beschreiten. Das kann man am ehesten auf der Sachebene umsetzen
Esel, Eule und Fuchs kommen auf dem Cover nicht ins Gespräch, noch nicht. Spätestens dann, wenn man darüber nachdenkt, wie sie denn zusammenfinden könnten, erkennt man die Komplexität dieser Situation. Letztlich müssen alle wollen. Wenn einer

nicht will, helfen alle Kommunikations-kurse dieser Welt nichts.

Danke an die junge Illustratorin Frau Weigel für diese ausgezeichnete Idee und ihre Umsetzung.
Einen haben wir noch:

Eine schon vergessen geglaubte Form der politischen Kritiksatire ist bezeichnenderweise wieder im Kommen; die Sender Eriwan-Witze aus der DDR. Dabei wird ein fiktiver Sender gefragt

Anfrage an Sender Eriwan:
Was passiert, wenn in der Wüste der Kommunismus eingeführt wird? *(Oder alle Kohle- und Kernkraftwerke abgeschaltet werden.)*

Antwort:
Erstmal nichts, dann wird der Sand *(Strom)* knapp.

Anfrage an Sender Eriwan:
Haben wir Meinungsfreiheit?

Antwort:
Selbstverständlich. Bitte haben Sie Verständnis, dass wir eine umfassendere Antwort jedoch erst nach Rücksprache geben können.

Wie sich doch die Zeiten ähneln. Man braucht noch nicht mal die Witze ändern. Oder sehe ich das falsch, denn „Keiner weiß alles"?